北京语言大学出版基金资助

法国语言学研究前沿

——当代语言学家访谈录

王秀丽　宁婧思　编著

北京语言大学出版社
BEIJING LANGUAGE AND CULTURE UNIVERSITY PRESS

图书在版编目（CIP）数据

法国语言学研究前沿 ：当代语言学家访谈录 / 王秀丽，宁婧思编著 . -- 北京 ：北京语言大学出版社，2023.11
ISBN 978-7-5619-6432-3

Ⅰ. ①法… Ⅱ. ①王… ②宁… Ⅲ. ①语言学家－访问记－法国－现代 Ⅳ. ① K835.655.5

中国国家版本馆 CIP 数据核字 (2023) 第 196240 号

法国语言学研究前沿——当代语言学家访谈录
FAGUO YUYANXUE YANJIU QIANYAN
—DANGDAI YUYANXUEJIA FANGTANLU

排版制作：北京创艺涵文化发展有限公司
责任印制：周 燚

出版发行：北京语言大学出版社
社 址：北京市海淀区学院路 15 号，100083
网 址：www.blcup.com
电子信箱：service@blcup.com
电 话：编辑部 8610-82303647/3592/3395
国内发行 8610-82303650/3591/3648
海外发行 8610-82303365/3080/3668
北语书店 8610-82303653
网购咨询 8610-82303908
印 刷：北京富资园科技发展有限公司

版 次：2023 年 11 月第 1 版
印 次：2023 年 11 月第 1 次印刷
开 本：710 毫米 ×1000 毫米 1/16 印 张：14
字 数：231 千字
定 价：72.00 元

PRINTED IN CHINA
凡有印装质量问题，本社负责调换。售后QQ号1367565611，电话010-82303590

前　言

置身在法语教学与法语语言学研究领域中，十几年来，对法语研究的职业敏感性使得我们一直关注并追踪法国语言学研究的方方面面。我的第一本专著《当代法国语言学理论研究》出版于 2011 年，遗憾的是，其讨论范围也仅止于二十世纪六七十年代法国语言学界的研究成果。该专著出版距今已经十余年了，落伍于当今人工智能时代法国语言学日新月异的迭代，非常不利于语言学新兴知识的全球传播与东西方互鉴。

为了填补当代法国语言学前沿思想在我国学术界传播上的空白，从 2018 年开始，我几次重回法兰西，努力寻找法语语言学的思想家园。简言之，我注意到本领域有如下三点演变：

第一，有着深厚学科基础的法语结构主义描写语言学稳步向纵深发展。主要学科概念保持不变，保持了哲学上的认识论路径，也就是遵循探求语言知识基本的与形而上断裂的实证方法。经过一个多世纪的发展，语言学各个研究分支都形成了自己的研究方法，但都没有违背社会科学缘起于自然科学这一基本事实。这一点也得益于对语言科学历史档案孜孜不倦的挖掘，得益于对经典理论和新概念模型的挖掘与建构，得益于对语言事实描写和语言经验研究的娴熟掌控，也建立在各个时期可持续发展的法语语料库基础之上。

第二，语言基础研究有了自动化、可视化研究工具。通过组建跨学科实验室，研究工具大规模革新使得语言基础研究与信息化软件工具进行了各个方向的交叉融合。如语篇词量学与计算机处理语篇中词汇问题的高度融合，语篇分析本身借助计算机标注软件进行的语篇衔接研究，词典编撰与计算机工具结合，统计各种词汇用法，语言教学在互联网、语料库、知识图库的帮助下进行的教学研究与改革，广义上的数字化教材的编写，更不用说机器自动翻译软件的更新与完善了。

第三，法语语言学研究有了更新、更广、更深的课题。索绪尔（Saussure）引领出的结构主义研究曾经滋润，甚至直接催生过其他人文社会科学的发展与诞生，如哲学、文学批评、心理学、社会学、人类学和民族志研究，现在这些学科发展成熟后又反过来反哺法国的语言哲学、社会语言学、人类语言学、心理语言学、认知语言学。一方面打开了各个方向的研究世界和边界，如多语研究、语言政策研究等；另一方面在本体论、义务论、方法论和价值论的引领下，直通语言本质问题的最终答案，内化的语言事实客体经由主体说话人通过认知表征实现了对世界的临摹，并努力将这种临摹的规律抽象化，直抵语言生成的可预见性本质。

本书通过与法国当代语言学者进行的一系列对谈，努力系统呈现出语言类型学、词义生成学、话语分析、语篇词量学、语言教学法、语料库语言学、自然语言处理、机器翻译、社会语言学、人类（民族志）语言学和心理语言学领域的研究前沿，这其中有人文社科全球高引排名第四的语言哲学家米歇尔·塞尔（Michel Serres）的“语言与科学”。全书内容既重视了语言理论和认识论基础，又没有忽视实操分析与语言应用分析。

就本书形式而言，由于语言学这一学科不同于其他人文社会科学，它的研究对象和书写形式，相对来说要求较强的逻辑性、论证性、术语性和科学性，文献都属于比较难的学术阅读，而访谈录这一形式具有比较强的自发口语性，降低了晦涩性，增强了可读性，为语言学知识的传播和普及提供了有利条件。相比较而言，现有的国外学者访谈更多通过译介的方式展开，而本书中所有访谈问题均由编者亲自设计，直接对话，更加清楚直观地展示了访谈双方各自的基本语言学思想主张及其对语言学界前沿热点问题的看法，更让语言学研究爱好者受益。

值得一提的是，本书的主要访谈原文用法语完成，但经过相关译者的不懈努力，最终得以用中文成稿，这也在很大程度上降低了本书的阅读难度，为广大的中文读者提供了便利。鉴于此，本书既可帮助法语以外的其他汉、外语言研究者了解法国学界语言研究与语言教学研究、紧跟其学术前沿，也可作为补充材料在本科高年级与硕士、博士研究生的语言学类课程和论文写作课中使用。

前后历经 5 年，本书得以付梓，要感谢以下学成回国并活跃在各个高校法语系的语言学博士，他们是毕笑博士、毕研婧博士、高航博士、李笋博士、李轶伦博士、饶敏博士、肖琳博士和钟旻靖博士。通过他们，我们联系到了在法国各个语言学领域执牛耳的博士生导师们，围绕着各自的学术养成、学术领域、学术著作、未来课题、研究方法、研究技术工具和广义汉法对比等几个集中主题进行了信息量很大、相关性很强的访谈。特别要感谢的是本书的受访人，这些法国语言学家大都教研任务繁重，在指导学生完成科研项目的同时，抽出宝贵时间接受采访，不为名利，只为与中国同行分享真知与灼见，互鉴学术文明。在此谨表敬意与谢忱，他们是 Alain Lemaréchal 教授、Catherine Fuchs 教授、Frédéric Landragin 教授、Samir Bajrić 教授、Jean-Claude Beacco 教授、Denis Creissels 教授、Claire Doquet 教授、Christophe Leblay 教授、Arnaud Richard 教授、Dan Savatovsky 教授、Thomas Szende 教授。此外还要感谢译者用贴切的专业术语与知识翻译出这些采访内容，让我们管窥到当下的法国语言学最新研究动态。主要的翻译团队由北京语言大学法语系法语语言学方向已经毕业的博士生、硕士生组成，他们是王鹏飞博士、胡庆博士、王雪博士、宁婧思博士和张振铉硕士。

本书的出版得益于北京语言大学科研处提供的学术出版资助，谨致谢忱。同样感谢的是北京语言大学外事处，为法语系提供了北京市政府引智计划经费，我们才得以实现集中邀请 8 位法国语言自然语言处理、教学法方面的专家，为我校及全国师生在线上围绕主题“自然语言处理与语料库”做了 16 场高端系列讲座，历时两年。这些讲座由法语系郭玉媛博士负责联系，由硕士生负责根据录音、PPT 将法文翻译成中文，构成本书的第二部分内容，旨在让我国业内人士熟悉日益凸显的计算机技术辅助语言学研究以及助力外语课堂教学改革的语料库的使用。在此致谢法语系 2019 级法语语言学方向的崔校华、张彤宇、轩园园和兰庭宇同学以及 2023 级博士生赵瑞扬同学。为了更加全面地反映法国语言学研究前沿，在本书第三部分，北京语言大学法语系的王兰博士，我的博士生左芝欣、李真同学翻译了社会语言学、语义学和话语分析领域的学术文章，在此一并致谢。

全书的采访问题由本书编者按学科需求设计，主要考虑的是理论轮廓和研究基础操作问题，主题相对集中，译文也由编者审阅，目的是在最大程度上保证学术信息的精确、术语的准确和学术机构的明确。诚然，本书如有悖初衷，如有翻译、编辑疏忽，责任在编者，敬请指出，不胜感谢。

2022 年 2 月寒假于北京

目　录

第一部分

当代法国语言学家访谈

第一篇

词义生成学与话语分析研究前沿

受访者：阿尔诺·理查德（土伦大学）
采访者及译者：高航（安徽大学）

受访者简介

阿尔诺·理查德（Arnaud Richard），语言科学博士，师从著名语言学家克莱尔·克拉姆契（Claire Kramsch）和保罗·希伯罗（Paul Siblot）。现任教于土伦大学，教授，博士生导师。曾任法国国家奥林匹克协会（l'Académie nationale olympique française）主席、法国体育部体育术语专家、法国国家科学研究中心（CNRS，Centre national de la recherche scientifique）"词义生成学"实验室（PRAXILING）研究员、蒙彼利埃第三大学"语言人文科学"研究团队（LHUMAIN）研究员、蒙彼利埃第三大学人文与新闻传播学院语言科学系主任。先后主持"新兴媒介话语实践""法国－阿尔及利亚交叉背景下的媒体话语"课题；合作撰写专著《媒体中的政治身份话语》（2015）；发表学术论文《种族主义、民族主义话语和政治主观化技巧》（2012）、《总统初选电视辩论：新型法国媒体政治话语》（2013）、《身份指称：从不当到重建》（2015）和《示播列[①]，语言作为大规模侦查武器：1937年海地大屠杀》（2016）。

① "示播列"（Shibboleth）是文化术语。据《圣经》记载，"以法连人"口音模糊不清，其土话不能说出"示"（Shi）音，常常把"示"念成"斯"（Si），"耶弗他"率"基列人"击败"以法连人"时，曾用能否呼出"示播列"一词来辨别谁是敌方"以法连人"。——译者注

采访者及译者简介

高航，蒙彼利埃第三大学语言科学博士，现任教于安徽大学外国语学院法语系，主要研究领域为法语词义生成学、身份建构类话语分析与法、汉身份指称对比研究。2016—2017 年参与法国国家残疾人事业高等研究院课题“交叉学科视域下残疾人指称的媒体呈现”，并撰写研究报告《残奥会运动员与奥运会运动员的身份呈现对比研究——以〈中国青年报〉为例》。

采访正文

高航博士：阿尔诺·理查德教授，您好！在您看来，什么是法国语言学的过去、现在和未来？

阿尔诺·理查德教授（以下简称理查德教授）：法国语言学有不同的定义和流派，我所从事的是法语应用语言学研究。对我而言，法语语言学也涉及加拿大、比利时、阿尔及利亚等法语国家和地区的学者们所做的工作，因为法语语言学是所有讲法语的人对他们所使用的法语进行的研究。这项学科历史悠久，可以追溯到法语方言学和结构句法的研究。当下，法语语言学正充满活力地发展着，每两年召开一次的世界法语语言学大会为全球相关领域的学者提供了交流讨论的平台。至于法语语言学的未来，尤其是法语应用语言学的未来，我认为应该是继续开发新的研究领域，考察新的语言使用形式，与民族志方法结合，探究网络话语文本等，同时继续加强基本理论建设以及研究分析法语话语。

高航博士：您的个人研究领域是什么？

理查德教授：我有几个不同的研究领域。首先是体育媒体话语中的身份形成，尤其是与歧视课题相关的话语生成。借助语言科学的方法，并选取奥林匹克价值观视角，我希望能阐明、解析这些歧视性话语现象并与之做斗争。在法语国家海地，我正在主持一项涉及当地多语言共栖现象的课题，主要研究海地人社群和国家身份在政治话语中的表征及其语言表达方式。我还有一个新的研究领域：公共卫生宣传防治类话语分析，我希望借助语言学方面的概念和思想去丰富和提升此类话语的公共宣传效果。

高航博士：请问您属于哪一语言研究派别？有哪些贡献？

理查德教授：我的研究理论和贡献深受词义生成学（praxématique）的影响，延续了该学说奠基者罗伯特·拉封（Robert Lafont）和保罗·希伯罗的研究方向，即考察语义的动态生产过程。其他词义生成学派学者的思想，比如雅克·布雷斯（Jacques Bres）关于身份刻板印象的话语研究、让娜－玛丽·巴贝里斯（Jeanne-Marie Barbéris）关于自我的语言哲学研究也深刻启发了我。此外，我也参考一些英美语言学思想，如我的博士论文联合导师克莱尔·克拉姆契在社会文化视角下的语言学研究，亚里山德罗·杜兰（Alessandro Duranti）在人类语言学方面的研究，以及诺曼·费尔克劳（Norman Fairclough）和梵·迪克（Van Dijk）关于种族主义话语媒介呈现的研究。

高航博士：您能介绍一下词义生成学的理论观点吗？

理查德教授：词义生成学是由法国蒙彼利埃的语言学家们在 20 世纪 70 年代创立的。该学说的创始人之一保罗·希伯罗认为它是一门“用人类学方法研究语言”的语言学理论。具体来讲，词义生成学说认为，语义是在说话人（sujet parlant）将语言符号现实化（actualisation），使其成为话语的过程中生成的，语境和话语发出者的主观性深刻影响着语言的运作和话语意义的生产。为了分析语义生成的动态过程，词义生成学说吸收并汇聚了认知语言学［尤其是古斯塔夫·纪尧姆（Gustave Guillaume）的心理机制论］、哲学（主要是现象学实践观和马克思主义哲学唯物辩证法）、心理学、符号学等不同学科的思想精华，是一门跨学科的语言学理论。如今，词义生成学与话语分析紧密结合，主要研究社会实践中产生的笔语和口语文本，这方面最全面的一本著作就是2001年出版并于2017年重编再版的《话语分析的术语与概念——词义生成学视域》（*Termes et concepts pour l'analyse du discours: une approche praxématique*）。

高航博士：在您看来，当下应该如何运用词义生成学理论进行语言学研究？

理查德教授：近些年来，以词义生成学为单一理论框架的语言学研究确实越来越少了。在蒙彼利埃，洛朗·福雷（Laurent Fauré）一直坚持延用词义生成学理论考察言语主体的主体间性是如何在交际话语中现实化的。作为一门多面性、跨学科的语言学理论，词义生成学自其诞生之日起就倡导使用人类学视角去探索语言和使用该语言的社会文化语境之间的关系。因此，与时俱进地开发新的研究疆界，比如在人工智能影响下的人机对话话语，我相信词义生成学应该有广阔的应用前景。

高航博士：能请您展开谈谈这一学科理论的应用前景及其实现途径吗？

理查德教授：词义生成学认为，语言的意义根源于实践，生成于言语活动中，与话语现实化的过程相伴相生。话语是言语主体运用语言进行社会实践的产物，分析话语意义生成的动态过程，一方面要关注语境诸因素对话语生产活动的影响（包括与社会文化相关的宏观语境因素和与所研究的实际言语活动相关的具体语境因素），另一方面要侧重言语主体的主观性和主观间性。作为具有社会属性的人，言语主体通过话语进行社会实践，再现社会现实并建构自我与他者的关系。因此，词义生成学主张从语言事实出发，分析话语意义的生产过程，进而描述、揭示和阐释语言使用者个体和其所属的社会群体对社会现实的表征，并剖析表述者对自己与他人身份的话语建构。当前，法语和汉语的话语研究都越来越关联着国家内部的社会发展变化和中西方之间的互动，词义生成学能够在研究话语意义在具体社会实践活动中的生产和身份话语建构方面提供新的理论思路，拥有广阔的应用前景。我认为建设跨学科的团队并革新和丰富研究方法是推动词义生成学未来发展的重要途径，比如融入计算机辅助处理文本，用量性结果来丰富质性分析，我认为是完全可行的。

高航博士：非常感谢您对词义生成学各方面内容的详尽介绍，这让我们对这一领域的基本观点和研究路径有了一定了解。接下来还有几个关于汉法语言对比的问题。在您看来，汉法对比研究应该从何入手？尤其是在您的研究领域中，如何使汉法对比研究更加合理且有意义？

理查德教授：对比的研究方法有着天然的合理性，通常借助对比，我们更能明晰每种语言和文化的特性。汉语和法语是世界上两种传播深远、使用人数众多的语言，这两种语言之间的对比研究可以涉及很多重要的方面。在我所从事的体育话语分析领域，体育话语文本中蕴含的奥林匹克价值观是个很有意义的课题。中国和法国不仅在体育赛场上通常有优异的表现，也在承办重大体育赛事上起着积极作用。因此我对汉语和法语体育媒体话语的对比分析很感兴趣。当下，鉴于中国在防控新冠疫情方面取得的国际地位，我也很想探究中国的公立机构是如何运用话语工具向公众进行防治宣传的。

高航博士：在哪一领域进行汉法对比研究比较合理？

理查德教授：正如我在前面所讲的，我始终认为汉法对比研究在很多方面都能有其合理性：从基础的句法结构到应用层面的语言变体，再到不同体裁语篇的话语对比分析，学者们可以应用跨学科理论知识从不同的视角去进行汉法对比研究。

高航博士： 在您的研究领域中，最前沿的课题是什么？

理查德教授： 首先，公共健康领域获得了语言学家们的关注。事实上，法国里昂和利摩日的研究团队多年来一直在研究医生和患者之间的言语互动。在布列塔尼，也有一支团队关注重大疾病通知用语和长期疗程中的医患沟通课题。语言在人际交流中是无处不在的，语言学家们的工作能改善医患沟通的质量。这既事关社会群体的福祉，也体现了语言学研究的重要性。

另外，在体育话语研究领域，性别课题，尤其是包容性书写（l'écriture inclusive），也就是关于性别身份认同的语言表征，在法国一直备受讨论。目前与性别身份建构相关的话语研究者对金伯利·克伦肖（Kimberlé Crenshaw）教授提出的“交叉性”概念很感兴趣。人的身份从来不是唯一的，是可以根据家庭、职业、信仰、种族、民族等不同的类别被建构出来的，而通常这些身份的产生因素是相互交叉的。在研究针对女性的歧视性话语时，我们发现女性所遭受的歧视并不是同质的，而是根据她们的年龄、所属社会阶层等呈现出不同的形式。因此，我认为用“交叉性”视角去解读身份产生和建构，这个论题既很复杂又很重要。

高航博士： 再一次感谢您接受我们的采访，衷心感谢您百忙之中抽出时间与我们分享您的真知灼见。

第二篇

计算机辅助语言学研究前沿

受访者：弗雷德里克·朗德拉然（巴黎第三大学）
采访者及译者：胡庆（北京城市学院）

受访者简介

弗雷德里克·朗德拉然（Frédéric Landragin），法国计算语言学博士，法国国家科学研究中心硕士生、博士生导师，法国“语言、语篇、信息处理与认知”实验室（LATTICE）研究员，现任教于巴黎第三大学、巴黎高等师范学院等多所高校。先后主持“学术话语的跨学科、跨语言研究”“共指链条的对比和计算机模型化研究”“法语口语与文本资源与工具开发”“指称链条的描写与模型化：语料库标注工具（历史研究与对比研究）与语言自动处理”等课题；撰写专著《多模态人机对话》（2004）、《人机对话：构思与关键性》（2013）、《篇章语料库的开发方法、措施及工具》（2017）、《如何与外星人对话？科幻语言和语言学》（2018）；主编期刊《言语——指称链条研究专刊》（2014）、《法语语言——语篇中的指称链条》（2017）。

采访者及译者简介

胡庆，北京语言大学法语系博士，现任教于北京城市学院。2019 年在法国“语言、语篇、信息处理与认知”实验室进修。曾参与 2015 年北京语言大学重点课题“篇章分析——对汉语、法语指称链条分布规律的实证研究及其标注”。参与编著《篇章分析——对汉语、法语指称链条分布规律的实证研究及其标注》(2018)，合作译著《八十天环游地球》(2019)，参与翻译《RVF 法国葡萄酒绿指南(2018—2019)》(2019)；发表学术论文《对汉、法标点符号的篇章分析——以加缪小说〈局外人〉为例》(2015)、《文学文本中标点符号与篇章衔接手段的相互作用》(2018)。

采访正文

胡庆博士：弗雷德里克·朗德拉然教授，您好！请问您如何看待法国语言学的过去、现在和未来？

弗雷德里克·朗德拉然教授(以下简称朗德拉然教授)：法国语言学的过去既广博又现代，其中安托万·梅耶(Antoine Meillet)、鲁西安·特斯尼埃(Lucien Tesnière)、埃米尔·本维尼斯特(Émile Benveniste)、安德烈·马丁内(André Martinet)、安托万·居里奥利(Antoine Culioli)和莫里斯·格罗斯(Maurice Gross)等语言学家的名字在当今的语言学典籍中依旧经常可见；我也常常把思想溯源到鲁西安·特斯尼埃的《结构句法基础》(*Éléments de syntaxe structurale*)。自然语言处理(TAL)领域也同样有其杰出的研究历史，法国自然语言处理协会(ATALA)成立于1959年，比大名鼎鼎的国际计算语言学协会(Association for Computational Linguistics)还早了三年，先后由埃米尔·德拉弗奈(Émile Delavenay)、贝尔纳·沃古瓦(Bernard Vauquois)、贝尔纳·伯狄埃(Bernard Pottier)、安德烈·朗丹(André Lentin)、让-皮埃尔·德克雷(Jean-Pierre Desclés)以及皮埃尔·拉封(Pierre Lafon)等人担任主席。他们投身于该研究领域，引导了法国自然语言处理的发展方向；他们扎根于计算机科学的自然语言处理，同其他计算机科学研究者一样不可避免地见证了该学科的发展；他们的思想仍被引用至今。

胡庆博士：请问您目前关注的语言学领域有哪些？

朗德拉然教授：目前，在法语语言学研究方面，我既研究传统语言学（尤其是理论和描写语言学派），又研究计算机辅助语言学（它以语料库为基础，有时是非常庞大的语料库），这样既能够满足量化研究的迫切需要，也能够满足与之相反的质性分析的要求。法国的自然语言处理既有鲜明的国际化特征，也开发了其特有的人工习得语言技术，给语言学家们带来了研究灵感。自然语言处理领域的专家标注语料，而语料的标注工作又反哺了自然语言处理，因此创造出习得熟练、技术高端的自然语言处理系统。我希望在不久的将来，语言学家与自然语言处理专家在新的方向进一步交流合作。这是一条多门学科交叉的道路，是一条混合了语言学和统计学知识的道路，是一条有明确前景却有待研究开发的道路。

胡庆博士：您能再详细介绍一下您个人的研究领域吗？

朗德拉然教授：我的研究领域有三方面：一是理论语言学研究，尤其是对认知语言学、语篇分析中“凸显”（saillance）[①] 的研究；二是计算机辅助语言学研究，研发语料标注工具，开发语料库；三是自然语言处理，深入文本和人机对话研究，并加以开发和应用。

胡庆博士：能请您介绍一下您的代表性学术著作吗？

朗德拉然教授：在语言学领域，我发表了几篇关于“凸显”的论文，比如 2004 年发表的《表层凸显与认知凸显》（*Saillance physique et saillance cognitive*）。关于语料库和方法论研究，我与瑟琳娜·普达（Céline Poudat）于 2017 年共同撰写了专著《篇章语料库开发》（*Explorer un corpus textuel*），发表了论文《书面文本共指链条的分析与标注程序》（*Une procédure d'analyse et d'annotation*

① “凸显”（Saillance）是认知语言学术语，指篇章中指称实体焦点。——译者注

des chaînes de coréférence dans des textes écrits），这篇文章现已被译成汉语，收录于《篇章分析——对汉语、法语指称链条分布规律的实证研究及其标注》一书中。

在自然语言处理领域，我编著了“人机对话：构思、重要性及多模式人机对话”（*Dialogue homme-machine. Conception et enjeux et Dialogue homme-machine multimodal*）丛书，其中有几本书在学术界产生了反响，例如《可视化知觉、言语及手势：多模态对话系统的理解模型》（*Visual Perception, Language and Gesture: A Model for Their Understanding in Multimodal Dialogue Systems*）。

还有一个看似非学术化，但与语言学、文学以及科普读物相关的领域——我非常热爱的科幻语言学。科幻语言学是指在文学或影视作品中研究语言学，其中，以乔姆斯基的语言学理论和萨丕尔–沃尔夫假说为题材的居多，但是我撰写的《如何与外星人对话？科幻语言和语言学》（*Comment parler à un alien? Langage et linguistique dans la science-fiction*）一书中也谈及了词形学、音律学、语用学研究。

胡庆博士：在您看来，汉法语言对比研究应从何入手？尤其是在您的研究领域中，如何使汉法对比研究更加合理且有意义？

朗德拉然教授：汉语中有零主语和零宾语等现象，我开始重新审视一直以来我基于法语进行研究的直觉，再次思考了“指称”和“凸显”问题。目前，我主要在研究指称链条，特别是某一语言实体之于指称链条的归属问题，在我看来，从法汉对比的角度研究指称链条既合理又能给研究者们带来灵感。

胡庆博士：请问您认为在哪些具体课题下进行汉法语言对比研究比较合理？

朗德拉然教授：在我看来，篇章语言学还有许多有待开发的研究视角，特别是从对比研究的角度看问题。衔接和连贯就非常适合做对比研究或者是跨学科研究。

胡庆博士：在您看来，如何把语言学和计算机科学相结合？如何用计算机辅助语言学研究？

朗德拉然教授：将语言学与计算机科学相结合既简单又困难。我认为其困难之处主要在于自然语言处理的应用，自然语言处理研究者给操控向量数值的人工神经网络设定参数，这和语言学研究是毫不相关的。如果不做质性研究，即使没有语言学家，他们也能得到令人满意的研究结果，这就是计算机研究者的本职工作。他们的系统像黑匣子一样，但他们并不能诊断出其语言层面存在的缺陷。因此，自然语言处理者能够回报给语言学的经验微乎其微。这一论断看似极端，但却能够使我们反思语言学与计算机科学的结合，因此，我们在“指称链条的描写和模型化：语言自动处理和标记工具研究”这项课题中将计算机科学与语言学进行了结合。

抛开自然语言处理这一方面，将这两种学科交叉结合也是易事，既可以应用于篇章数据统计，也可以用来助力开发工具，以便语言学家们进行语料搜集、口语处理、文本预处理以及语言学分析。

这就是我所说的计算机辅助语言研究的关键所在：使烦冗的分析自动化（例如口语誊写），通过量化的数据使质性研究变得更加丰富。计算机辅助语言研究的开发和发展仍旧任重道远，因为暂且不说将它与语言事实相结合，单说其自身的量性分析仍旧远远不够。计算机辅助工具研发者很快就会发现自身的局限性，因此语言学家的参与是不可或缺的。语言学家通过使用计算机辅助工具发现新的需要，促使工具更新换代，从而使这场变革的实现成为可能。

胡庆博士：在您所处的研究领域之中，您认为哪些主题是当今的研究热点？

朗德拉然教授：在语言学研究中，“指称”和“凸显”一直是比较有意义的研究主题。我和我的学生们一起关注了“模糊性指称”问题，“模糊性指称”是指人的群组的指称表达方式，不同读者对其具体边界的认定也不尽相同，例如法语中的泛指代词“on”。我也研究“充足理论”（théories good-enough）[1]在指称研究中的应用，尽管“充足”，但它揭示了语言阐释的部分性特征。此外，“凸显”这一概念关系到言语的各个层面：音韵、词汇、句法、语义、语用等层面都存在“凸显”问题。这一概念也是一个跨学科问题，无论是语言学家还是心理学家都对此做过多种语言心理学实验。该研究虽然艰辛且复杂，但在我看来是十分必要的。

在自然语言处理领域中，最前沿的主题是机器翻译和文本处理，它们起源于语义学和语用学，基于人工神经网络以及在媒体中引人注目的“深度学习”（deep learning）理论，虽然其根源并非自然语言处理，但机器翻译和文本（话语）处理能即刻开启自然语言处理的新篇章。

胡庆博士：谢谢您在百忙之中解答我们的问题，这将助力中国的相关主题研究。

① “充足理论”指的是语言学中的理解和解释虽然只是局部的或部分的合理，但是理据已经足够充分。——译者注

第三篇

语言习得与话语分析研究前沿

受访者：克莱尔·多盖（波尔多大学、巴黎第三大学）
采访者及译者：李轶伦（对外经贸大学）、钟旻靖（湘潭大学）

受访者简介

克莱尔·多盖（Claire Doquet），法语语言学博士，巴黎第三大学法语文学与语言学系教授、博士生导师，法国“语言、系统、话语”实验室（CLESTHIA）研究员，写作语言学方向负责人。曾任巴黎第三大学语言学博士生院院长、研究生院负责人。建立 ECRISCOL 团队，主持“习得者写作文本语料库分析”课题。撰写专著《语言初学者写作行为分析》（2011），编写《口语表征》（2012）、《文本生成多源性》（2013）、《职业写作》（2015）等多部著作；发表学术论文《依赖写作的口语》（2017）、《话语书写》（2018）等；主编期刊《语料库》（*Corpus*）第 16 期专题“语料库：大型语言习得者语料库的建立”（2017）。

采访者及译者简介

李轶伦，巴黎第四大学语言学硕士，巴黎第三大学语言学博士，现任教于对外经济贸易大学外语学院。曾参与巴黎第三大学 ECRISCOL 团队“习得者写作文本语料库分析”课题，并于巴黎第三大学教授本科课程语言学入门和句法学。出版法语教材《从零开始学法语》，发表学术论文《欧盟语言框架本土化与对外法语教材的编写》（2018）、《中国法语二语习得者的法语动词词法习得》(2018)、《中国法语二语习得者的阴阳性习得》(2018)。

钟旻靖，巴黎第三大学语言学博士，萨瓦大学对外法语与语言教学法硕士，蒙彼利埃第三大学汉学研究硕士，现任湘潭大学外国语学院法语专任教师，湘潭大学哲学博士后流动站研究人员。研究方向为篇章语言学、语料库语言学、二语写作，擅于运用自然语言处理技术研究录制的写作过程，现为最新一代键盘记录分析及数据可视化工具GenoGraphiX-Log项目团队成员。曾参加国际会议四次，发表会议论文《录制写作过程中的修改痕迹》(2018年巴黎第三大学青年学者论坛)、博士论文《二语写作连贯性：以在法中国留学生法语写作为例》(2020)；独立翻译《一战全史》(Gabriel Hanotaux著，全景插图版，第1-3卷，吉林出版集团出版)。

采访正文

李轶伦博士：克莱尔·多盖教授，在您看来，法国语言学的过去、现在和未来是怎样的？

克莱尔·多盖教授（以下简称多盖教授）：这个问题很难回答。在过去，语言学领域多采用语言“自主形成”的研究方法，例如生成语言学派。代表的语言学家更感兴趣的是语言系统本身，而并非话语的形成。如今，那些主要对语言系统感兴趣而不关心话语构建的语言学家逐渐失去了影响力。

语料库语言学的出现和发展成为了当今法语语言学研究的主流变革。这种研究方法建立在对数量可观的语料进行大规模的探索分析上（如今已走到文本挖掘、大数据领域）。

至于法语语言学的未来，我希望它建立在革新本维尼斯特的研究成果基础上。最近，人们发现了他未发表的手稿，其中对写作进行了非常有价值的理论阐述。但我担心，曾经作为人文科学之首的语言学，在其他相关学科面前，其影响力会被削弱。

钟旻靖博士： 请问您自身的研究领域主要是什么？

多盖教授： 我的研究主要集中在处于习得过程中的写作文本的研究，习得者多处于小学和初中这两个阶段。我的研究多依赖于手稿研究，采用的主要研究方法为话语分析和文本生成学的方法，同时文本生成学也被应用在研究作家手稿上，属于文学研究领域。

钟旻靖博士： 可以请您介绍一下您的代表作品吗？

多盖教授： 我的专著《初级写作：小学写作实践》(*L'Ecriture débutante. Pratiques scripturales à l'école élémentaire*)，由雷恩大学出版社2011年出版，发表的论文主要有2016年与雅克·大卫合作的《学生作文：当代法语参考语料库》(*Les écrits d'élèves: un corpus de référence pour le français contemporain*)以及2016年与克里斯多弗·勒布雷、吉尔·卡柏罗西合作的《写作时刻：记录与表征》(*Temps de l'écriture. Enregistrements et représentations*)，此外我还于2017年与雅克·大卫、塞尔吉·弗勒里合作主编了期刊《语料库》第16期，这一期的主题为“学生大型文本语料库的特点和限制：转录、标注和处理问题”(Spécificités et contraintes des grands corpus de textes scolaires : problèmes de transcription, d'annotation et de traitement)。我的主要作品都集中在学习者写作以及文本生成这两大块主题之内。

李铁伦博士： 请问您的研究工作主要选择了哪些理论角度？您对法语语言学做出了什么贡献？

多盖教授： 我的研究首先是基于学生写作，其次是基于学生文本阅读分析，我的主要理论源自元语言和元话语分析领域。元语言和元话语分析领域是一种首先基于学生写作，其次基于学生文本阅读分析领域。学生写作对这一领域尤为重要，可以说，它是后者的催化剂。我希望在写作手稿中挖掘出学生这类写作者思维活动留下的印记，比如，分析文本创作者在写作过程中对文本的删减，或者是比较在创作过程中的不同阶段，文本所呈现的不同状态。从这些修改痕迹出发，尤其是删除痕迹，比较文本的不同状态，实现元语言和元话语分析。我的理论立场主要参考以下学者的研究成果：埃米尔·本维尼斯特的话语语言学；杰奎琳·奥蒂耶–勒伍（Jacqueline Authier-Revuz）的话语表述研究（他者话语表述 / 自我话语表述）；让–路易·勒布拉伍（Jean-Louis Lebrave）和阿尔缪特·格雷兹永（Almuth Gresillon）的生成语言学，以及克洛迪娜·法布尔–克勒（Claudine Fabre-Cols）将这一理论应用在学习者写作领域的研究。

李铁伦博士：在您看来，汉法对比这一研究角度在您所在的领域是否具有研究的可行性？

多盖教授：在写作习得的领域，汉法对比研究是具有可行性的，尤其是专注于语言习得最初阶段的研究。这是由于汉法两种语言在语音和文字的关系上展现出了极大的不同。从口语和书面语关系来看，汉语和法语的处理方式差异很大。因此，在法语书面语学习领域，汉法对比对于研究初期的法语习得过程特别有意义。

钟旻靖博士：那么请问您，这类比较具体可以如何进行呢？

多盖教授：在法国，习得领域的研究为语音中心主义所主导。而与汉语写作语言习得者做对比研究可以推动认知语言学的发展。我的博士生李铁伦的论文也证明了在汉语习得者和法语习得者之间，在拼写和语法习得领域，进行比较研究是具有可行性的。

李铁伦博士：谢谢老师提到我，我会继续关注相关方面的研究。请问在您看来，如何将语言学与信息技术相结合？又如何在语言学领域使用信息化工具？

多盖教授：我当前的研究主要集中在学生写作文本数据库的研究，即 Ecriscol 语料库。信息技术使大众可以接触到大量的语料，并且我们可以利用现有工具对这些语料进行分析和发掘。我们选择文本生成学的方法来建立这个语料库，即呈现出学生创作同一篇文章时不同阶段的文本状态，也就是草稿的各个阶段，并对这些文本进行自动分析处理。在 Ecriscol 语料库平台上，除了学生的写作手稿和草稿，学生写作文本还被转写并以 XML 格式呈现出来。而这些文档随后可以在巴黎第三大学（新索邦大学）开发的文本分析软件 Le Trameur 上进行进一步的分析和研究。

在语言学领域使用信息工具的一大局限在于对非标准化的文本的研究。困难主要集中在对于这些非标准写作文本的转写和标注上。在口语语料库研究领域，学者也遇到了相同的困难。

钟旻靖博士：请问在您的领域，什么是当下最受关注的研究主题？

多盖教授：在我所在的领域，学生的拼写、学生写作文本的衔接与连贯性、教学工具对学生语言习得的影响，都是学者所关注的主题。另外，针对特定使用目的的写作——写作语言学，也是正在快速成长的研究方向。

李铁伦博士：非常感谢您在教学、科研之中抽出时间接受我们的采访。

第四篇

语言文化教学法研究前沿

受访者：托马斯·森德（法国国立东方语言文化学院）
采访者及译者：李筝（广州南方学院）、张振铉（北京语言大学）

受访者简介

托马斯·森德（Thomas Szende），法国国立东方语言文化学院“外语教学法视域下语言与身份多样性”研究中心（PLIDAM）主任，匈牙利语学科负责人。主要研究领域为语言与文化教学法、应用语言学、匈牙利语言学。出版专著《二语文化教与学导论》（2014）、《外语习得困境：微观现实与宏观动态》（2016）、《形式、用法、意识：第二外语语法教学中的关键问题》（2020）等；编著《双语词典中的文化差异》（2003）、《双语词典中的法语》（2006）、《中欧和东欧的语言政策、语言学习与法语国家：多样性的挑战》（2009）；合著《匈牙利语基础语法》（2007）、《语言学习与翻译》（2015）、《语用与跨文化能力》（2019）等；主编《匈牙利语—法语双语词典》（2008）。

采访者及译者简介

李筝，广东外语外贸大学法语系博士，广州南方学院法语系讲师。研究方向为双语词典与翻译，博士论文题为《外向型汉法双语词典中文化词的多维释义》。2018年于法国国立东方语言文化学院“外语教学法视域下语言与身份多样性”研究中心进行为期一年的博士生联合培养。参与2020年国家自然科学基金项目“面向对话系统的自动推理机制研究”、2021年宜昌市社科联项目“近代海外人士旅华游记中的三峡形象研究”；发表学术论文10余篇。

张振铉，北京语言大学法语语言文学专业硕士，研究方向为法语语言学。

采访正文

李笋博士： 托马斯·森德教授，您好！请问您如何看待法国语言学的过去、现在和未来？

托马斯·森德教授（以下简称森德教授）： 这个话题很大，很难言简意赅地回答。当今的法国语言学家关注的领域极其多样化：语言习得、语音识别、翻译、术语学、词典学、语言政策等。语言学的几大领域（语音学和音韵学、形态学、词汇学、句法学等）都有特定的研究方法，我们都不是所有研究方法的专家，不管是针对传统流派、形式流派还是变异流派等。

李笋博士： 那能请您从个人角度给些意见吗？

森德教授： 我个人感兴趣的是法国语言学流派之间的复杂关系，其原因主要有两点：第一，我在一所法国大学（法国国立东方语言文化学院）任教，这所院校是语言多样性的代表；第二，我使用法语这门通行于五大洲并且是世界上学习人数第二多的语言。我的工作集中在两个方面：一方面描述和对比历时和共时的语言现象，另一方面进行外国语言和文化的教学以及评估。

在小语种方面，我主要研究的是乌拉尔语系。诚然，作为面向世界的语言，匈牙利语在过去的几个世纪发展迅速，这得益于几代知识分子和作家的努力。但是，我们也清楚地知道，它并不是一种具有国际重要性的语言。它的影响范围有限，主要在欧洲中部地区，讲这门语言的人仅有一千五百万。

李笋博士： 您认为语言学的主要工作是对不同语言进行描写吗？

森德教授： 法语描写传统上是指研究这门语言内部各类范畴及其功能。不过，习得一门外语，以我的法国学生为例，他们得“重构”二语的语言体系，熟悉在法语中并不存在的二语的一系列范畴和功能。学习者得去发现一些新的尽管有时会给他们造成困扰的言语行为，发现未知的文化参照和逻辑以及所学语言演变过程中的连续性和不连续性，发现一种特殊的文字系统等。在法国教授法语以外的其他语言必然意味着：给学习者提供各种便于查阅的数字语言资源，掌握法语语言学和普通语言学的概念，思考法语的一些语言现象（如动词变位、连词、笔语和口语的关系、语法等）及其功能模块，同时说明语言变化的不同方面，指导学生区分关于每种语言的普通和科学视角，以批判的眼光看待有关语言使用的观点。接下来谈谈基本的两点，每种语言学流派或每种语法都是：一、语言学家积累的关于这种语言的知识是永远不可能穷尽的；二、讲这种语言的人关于语言的实际使用规则是永远不可能穷尽的。不管处理哪种语言或语法问题，我们都希望找出上述两者之间的交汇点和互补性，这项工作很有趣。

李笋博士： 请问您个人的研究领域具体是哪些？

森德教授： 我本人的研究首先涉及匈牙利语。我对词汇结构特别感兴趣，同时也对文学翻译和匈牙利语教学感兴趣。我出版了语法书、教材、文学选读，近年来主编了一部新的《匈牙利语—法语双语词典》。这部词典极大地影响了我的科研历程，我们的初始目标是面向两种语言的读者编写一部参考书，包括语法、语义、文体和文化等一系列内容，使之可以同时满足教师、学生以及译者的需求。当时，还没有一部如实反映当代匈牙利语的著作，因此，我们开发了一个信息化的数据库，以便收集匈牙利语的语言形式和使用语境，确定词语意义，超越传统的主观性的词典编纂。围绕这部词典的编纂，我们组织了一系列国际研讨会，相关科研成果也发表在法国、匈牙利和美国的期刊上。我是《匈牙利语—法语双语词典》的作者之一，该书是第一部用法语编写的有关双语词典问题的专著。

李笋博士：您近来都做了哪些研究？

森德教授：近年来，我一直在研究话语（discours），各种语言的话语建构都有自己的不解之谜、思维定式和表征规律、话语涉及者范式与差异、连续与断裂。为了认识个人话语建构模式及其产生条件之间的复杂关系（这些关系与特定的历史时期以及许多禁忌、语言表现形式的更迭有关系），我在多项研究中质疑了匈牙利的“后政体变化时代”，努力搞清楚这些历史事件对多种话语实践产生的影响和作用，同时探索政治媒体世界，以及文学、艺术、科学世界和日常生活中的话语表达方式。最后，我也对外国文化的习得感兴趣，主要基于以下假设：

第一，任何文化参照系统都意味着一个现实的组织、一种逻辑、一种看世界的角度和对于文化隐含义的认知（显性方式或隐性方式），这些知识被特定语言空间的成员接受和传播。尤其是内涵义，作为词语的情感外延，它涵盖了所有的间接意义。

第二，任何交际场景都可能引起特定的语言实践，在很多情况下，言外场域也会导致使用语言的独特性和刻板性。每种语言都包含一些相对可以预测的惯用元素，它们在人们对世界的感知中起着重要作用，并且是文化和社会资本的一部分。

第三，文化能力也是由一套共享表征组成的，它们同样反映了集体现实。每种语言都承载着社会成员所共享的观点、神话、象征和信仰，它们对于群体来说是真实的，滋养着群体成员的判断、思维、习得，以及阐释日常现实和相异性的方式。鉴于此，尽管语言教学有着多种类型和各自的界限，我仍致力于针对二语学习过程中的文化现象提出一个通用的理论框架。

李笋博士：能请您介绍一下您的代表性学术著作吗？

森德教授：在此重点向大家介绍我出版的两部作品。

1.《二语文化教与学导论》(2014，彼得朗出版社：伯尔尼)

任何语言的学习到了一定程度似乎都会遇到瓶颈期，造成瓶颈期的主要障碍有一大部分是由不合理地运用语言形式所导致的。因为用一门外语说话、做事，还需要习得目标语社会共享的知识，而严格意义上说，纯语言的训练并不能保证这一点。理解与被理解，进行有效的交流，单纯的语言知识在很大程度上是不够的。讲一门外语预设着我们能够运用必要的语言形式进行交流，掌握一个社会团体共享的文化参照。每种语言都是对世界的看法和阐释，它与日常生活相融合，是我们身份认同的重要组成部分。匈牙利语是一门历史悠久的语言，作为多语欧洲的语言组成部分，主要通行于匈牙利，与匈牙利接壤的国家也有一些人使用。匈牙利语是一个重要的研究对象、持久的灵感来源和一系列语言现象的“储存地”，它可能表明距离这一概念（主要指语言是有着或多或少相似性的系统，有的相似度高，有的低）与文化元素有着紧密联系。一方面是词汇或话语之间的复杂关系，另一方面是内化的文化约束和规则，把这两者阐释清楚需要多样化的语言实例（匈牙利语、英语、汉语、阿拉伯语和俄语的例子揭示了一些言语现象的变化过程）进行验证。能够掌握语言形式，判断它们的代表性、真实性及其是否符合使用规则，这种能力是文化能力不可或缺的组成部分。本专著并不试图做到全面而彻底，而是尝试详细解读人们讲话时的环境及与特定场景相关的一些固定表达。我们的方法是突出预先设立和被认可的文化表达模式，阐明每种文化既是普遍性的载体也是对群体特殊性的肯定，同时指出群体成员的“共享文化”是交流中误解、误会或不快的根源。我也注意到判断是否符合规约性并不容易，基于规约性一种语言形式可以被看作是日常话语和固定表达。此外，我还指出，那些最普通的已被证实和预先构建的表达式，有可能未被分析挖掘，会给学习者造成困难或需要“重写”；对自己的文化和语言身份相当确信的听话者比较容易理解语言的游戏规则。

2.《外语习得困境：微观现实与宏观动态》（2016，欧洲大学出版社：布鲁塞尔）

这部专著的出发点是想弄清楚两个方面的必要性：一方面，在课堂教学策略（传统课堂或虚拟课堂）和行为图式领域，日益发展的科技为教学创新提供了保障，甚至可以使语言与文化的教学融合得更好；另一方面，考虑到一些象征性、文化性和政治性因素（尤其是一些依存因素的多面性），这些因素决定了学习者、教师、教学工具设计者的实践，也决定了语言能否在世界范围内传播。本专著不仅是一位对教学充满激情的教师对自己职业的思考，也是一位迫切想把外语教学提升到一个更高层次的语言学家的研究成果，使之可以为所有语言 / 文化的教与学提供参考。第一章概述部分引出一些贯穿全书的指导原则，例如：一线教师的课堂实践和理论学者的思考；把教与学的经验结合起来，把一些有着教学法指导的传统的语言教与学经验和一些没有教学法指导的语言教与学经验结合起来；把课堂教学技巧和学生的移民经历、交换效果结合起来，同时注意学生的身份特征；把教与学参与者的命运与学习者群体的未来交叉起来。第二章是关于数字教学和全球化的概述，在此背景下，当今社会密集深入的交流促进了语言交流方式的更新，也促使新的学习者群体产生。第三章提出多语和多文化的问题。第四章明晰了一些跟语言选择相关的刻板印象，由此引出地区语言、少数族裔语言、移民语言的教学活动，它们给学习者、教师的语言表达赋予了新的含义。第五章围绕虚拟和数字设备对教学实践和语言学习方式的影响展开。第六章探讨一些教学理论，例如：显性知识和隐性知识的关系、语言成分之间的层级（尤其是语法和词汇之间）、语言学习中翻译的地位（翻译作为语言交流、再次表达和阐释的一种语言实践）等。第七章涉及社会互动能力中的不同组成部分，探索语用学、跨文化和文学方法以及非言语资源和游戏资源对社会互动能力的作用。在课堂或交换活动中，应该采用一些方法来激活一种学习模式，该模式主要是通过现实生活中的任务来完成的，适合专业的、话语的和行动的场景。第八章旨在衡量准则的重要性。这些准则是用来保护、融入、区分社团内成员的。在这一章中，我们剖析教师在面对当今文化和语言方面异质化程度越来越高的课堂，面对多种多样的语言和文化时所采用的教学策略。第九章结语为后续研究提出了一些路径以满足该领域的需求，并针对不同的学习环境提出具体建议：世界范围内语言的发展，在多语环境中与合法和非合法化的语言相关的想象，基于开放视角的超越传统学习方式的数字技术的附加值，虚拟技术和传统教学三角即教学内容、教学实施者及教学对象之间的界面。

李笋博士：请问您的主要理论观点是什么？您认为自己对法国语言学的贡献有哪些？

森德教授：这个问题实在太复杂，我尽量回答。以我最近的科研工作为例，主要围绕以下主题：向二语学习者教授语法意味着什么？是描述语言，还是观察语言、分析语言、阐释语言抑或是产出这门语言？不管我们是立足于交际教学法还是行动教学法，抑或是功能教学法，都应该为语法知识的位置提供一些思考的路径。操两种不同语言的人，对世界的观察并不是一致的。每个语言系统对现实的表述有着自己特殊的方式，这意味着二语学习是一种循序渐进习得体会的能力：当表达一个想法时，优先选择一种语言的哪些语言特征？运用任何一种二语，都需要特定的表达方式。而使用这些新的语言表达形式来描述现实世界都暗示着一种思维的重构，在这一点上，学习者，尤其是成年学习者（还有青少年晚期）会特别抵触。所有的学习者迟早都会意识到：用自己母语以外的另一种语言组织话语来描述客观现实不是一件简单的事。

李笋博士：在您看来，汉法语言对比研究应从何入手？尤其是在您的研究领域中，如何使汉法对比研究更加合理且有意义？

森德教授： 语言教学，不管是哪种语言，都可能受其他语言的启发。对比语言学就是突出那些在一种语言内部不易察觉到的现象。我本人不是汉语方面的专家。但是，我可以确定：如果没有深入的对比分析，每位教师都会遇到一语和二语之间的一些陷阱。他可以很容易地列出学生最常犯的错误，这些错误是由所学语言的特殊性和语言间的差异性引起的。不管我们是否能意识到，语言习得中困难类型的确立和难点的识别能够让教师根据学习者的情况制定练习，对症下药。这样的练习特别重要，当一语和二语之间发音、词法、句法等的对比"很强烈"的时候，学习者很难把它们联系起来，几乎不可能立刻理解它们的形式与功能，无法记忆这种语言并产出。

李笋博士： 请问您认为在哪些具体课题下进行汉法语言的对比研究比较合理？

森德教授： 对比对于教学来说或多或少是有促进作用的。在我看来，建立语言间的对应（这些对应之处促进或抑制，甚至破坏学习），阐释清楚相同点和列举语言间的不同点同等重要。每种语言内部都有一些难以学习的地方，也存在同样多的对语言教师来说很宝贵的信息：语言成分通常是微小的，这些成分在目标语中是没有对等的，会成为隐藏的学习障碍，会给学习者习得过程中的语言处理造成困难。

母语和外语的习得过程有着本质上的认知差异：儿童对于母语的习得是无意识的和无目的的，然而青少年或是成年人在学习外语时是有意识的和有目的的；再者，所学外语会立刻并一直被母语重新组织。对比研究的多样性表明，语言的各方面都具有可比性，不管是语音、形态、句法、词汇结构，还是话语和语用。

对比语言学如今已经超过了类型学的界限，变得越来越多学科化。因此，它试图挖掘出言语行为实践中的相似性与不同之处，并在平行语言中理解隐喻和刻板印象的作用。

总之，以封闭的方式教授语言不利于学习者学习其他语言。通过识别语言属性的共同和独特之处来建立跨语言间的对应，可以开发学生的分析能力。

李笋博士： 在您看来，如何把语言学和计算机科学相结合？如何用计算机辅助语言学研究？

森德教授： 这类结合无止境，在此我仅谈几个可能与信息技术结合的研究领域：

- 词汇的形式表征；
- 口语的录入、韵律学研究；
- 讽刺话语分析、复杂性的标注、分歧的表达；
- 多种语言的话语策略；
- 更好地理解话语体裁；
- 学习者的体态语言和言语行为；
- 固定短语和短语的灵活使用；
- 区域性话语行为的活力与扩展；
- 交流互动中情绪表达的复杂性。

李笋博士： 在您所处的研究领域之中，您认为哪些主题是当今的研究热点？

森德教授： 我认为主要有以下方面：

- 在更深入分析教学情况、语言和文学市场的基础上，更好地掌握方法论及其理论基础；
- 重申“语言”与“文化”之间联系的力度，开展创新，在应用语言学之外开设新的学科领域；
- 将外语教学法的挑战置于由全球化进程决定的更广泛的学科框架内；
- 将语言政策置于两个层面——个人层面和国家层面；
- 从社会不平等、边缘化和占主导地位的不同语言形式出发，研究语言安全感和不安全感的产生过程；

- 调查教师和学习者的概况和学习历程，关注表征的构建以及多语言、多文化产生的原因；
- 了解学习者的习得和语言能力发展，最终目的是要培养学习者作为语言使用者的自主能动性；
- 打破狭隘的仅限于某一种特定语言的教与学的讨论；
- 描绘各类语言中的词汇概况，建立语言间最广泛的词汇、文化以及习得之间的联系；
- 研究语言教学中口语或书面文学的功能及其地位；
- 定义文学文本的新方法，以便探索新的关系和潜在的新用法；
- 融合多学科知识，开发学习工具：词典、语法书、教材、无纸化资源、语料库和数据库。

李笋博士： 谢谢您的这些洞见，这些见解既会启发年轻教师的科研方向，又会加快语言习得者内化语言规律的速度。

第五篇

对外法语教学法研究前沿（上）

受访者：让－克劳德·贝阿古（巴黎第三大学）
采访者及译者：毕笑（华东师范大学）

受访者简介

让－克劳德·贝阿古（Jean-Claude Beacco），法国“对外法语教学法”学科的重要奠基人之一，语言学与法语教学法博士，巴黎第三大学（新索邦大学）语言学和语言文化教学法终身教授、博士生导师。研究方向主要有：话语分析、语言教育政策、多语教育、对外法语教学法。出版专著30余部，发表文章200多篇，被引5500余次。1998年到2018年期间，担任欧洲委员会语言政策组的常任特别顾问，是《欧洲语言共同参考框架：学习、教学、评估》（CECR）的编撰者之一，也是“语法与语境化”国际研究团队创立者。《语言与教学法》期刊联合主编，并担任多家期刊和会议的科学委员会或编辑委员会成员，曾任法国教育部、黎巴嫩教育部（国家评估系统项目）、亚美尼亚教育部等政府机构顾问。主要学术代表作有《语言教学的文化维度》（2000）、《基于能力的语言教学法：从〈欧洲语言共同参考框架：学习、教学、评估〉到教学》（2007）、《多语种和跨文化教育课程的制定和实施指南》（2016）等。

采访者及译者简介

毕笑，巴黎第三大学（新索邦大学）语言学与法语教学博士，现任教于华东师范大学，“语法与语境化”国际研究团队成员。主要译著有《交易员不死》（合译）（2009）、《符腾堡的沙龙》（获 2010 年傅雷翻译奖提名）、《他们把她留在那里》（2011）、《豺狼的盛宴》（2013）、《毛泽东：雄关漫道》（上、下）（2014）。学术论文有《沉浸式汉语教学在法国的应用——以中学汉语国际班为例》（2017）、《Robert Kaplan 对比修辞学理论渊源再探究》（2018）、《法语著作中的中医药叙事》（2020）。参与编写的教材有《法语综合教程 1》（2009）、《法语综合教程 2》（2011）。承担 2020 年华东师范大学教学改革与研究项目“基于 SPOC 的混合式法语语法教学模式设计——从语言技能课到跨文化素养课”。

采访正文

毕笑博士： 让－克劳德·贝阿古教授，您好！请您简单介绍一下法国语言学的过去、现在和未来。

让－克劳德·贝阿古教授（以下简称贝阿古教授）： 语言学的思想源远流长。语言学的历史发轫于 19 世纪的语文学，在结构主义时期获得了特殊的社会知名度。弗洛伊德（Freud）、马克思（Marx）、列维–施特劳斯（Lévi-Strauss）、杜梅齐尔（Dumézil），尤其是索绪尔的《普通语言学教程》使得语言学成为所有社会科学、人文科学的参考学科。

在这 100 年之后，尽管构成部分是多种多样的，和语言活动相关的那些科学在法语学科领域中确实找到了一个明确的定位，在大学和研究领域都是如此。此后这种定位不再有争议，但代价是保守和孤立使语言学失去了认识论上的主导地位和很大一部分社会受众。还有一部分原因是能够观察整个领域的新的语言学理论没有出现，这使得语言学重新成为某些专家的领域。

毕笑博士：那么，请问在此之后的语言学态势会如何发展呢？

贝阿古教授：此后，语言学不再是唯一的参考轴心，但仍然会非常活跃。因为语言学可能为语法教学提供参考，最近将“谓词”（prédicat）这一表述引入语法术语中所碰到的问题就是证明。语言学将不再是承载很多的轴线，但是会在教学领域起作用，会启发学校的语法教学。语言学的重点也会转移到作为工具的自动语言处理、语音识别、大型语料库的创建和利用上，书面文字的自动翻译上，以及未来用于口语交际的机器翻译的迭代上等。由于科技不断进步，英语为主的借词大量涌入，相应术语也需要不断更新，不断创造新词和借用、模仿别的语言中的新技术术语，尤其是参照科技英语。

毕笑博士：请问您对当下语言学的看法是怎样的？

贝阿古教授：在我看来，现在公开辩论中最常见的语言问题，涉及外语早期学习、外语教学法、对外法语教学法、成人移民的语言教育、非母语儿童在学校的语言理解、地区和少数民族语言的地位、一种或几种国家语言的关系中集体身份认同等。所有这些辩论主题都带有强烈的意识形态维度。我认为正是这些问题，特别是最后几个社会语言学性质的问题，将以某种方式重塑语言学研究的前景。

毕笑博士：请问您个人的研究领域具体是哪些？

贝阿古教授：我在法国接受了古典人文主义的教育，系统学过法语、拉丁语和古希腊语。我的硕士论文主要关注阿波罗尼奥·德·罗兹（Apollonios de Rhodes）作品中的荷马思想，由《荷马语法》（*Grammaire homérique*）的作者尚特雷恩（P. Chantraine）指导。随后，我通过了法语高中教师资格考试，课程大纲包括法语、拉丁语和希腊语的文献学（语音历史、句法学等）。至此，我与新兴的语言学相遇：本维尼斯特的《印欧名词形成的诸多起源》（*Origines de la formation des noms en indo-européen*）吸引了我，我开始阅读其著作《普通语言学问题》（*Problèmes de linguistique générale*）。我没有在大学接受语言学教育，因为在那个时代没有此类专门教育。通过经常阅读语言学相关著作和像《法语》（*Langue Française*）这样的学术期刊，我开始对话语分析这一分支尤为感兴趣。在那之后，我从 1972 年起进入对外法语专业，这是一个良好的开端，因为我认为话语分析在该专业起着根本的作用。我发现了将话语分析用于科技文本阅读的教学法，1972—1975 年，我也尝试将话语分析方法用于法语功能教学法当中常见的科普文章。关注对外法语教学法的同时，我也研究文本的文化 / 语言变异性，为此我采用了美国的伊姆斯（D. Hymes）的研究方法，外语教学法的基础概念“交际能力”（compétence de communication）就是他提出来的，后来的语言人类学的发展也得益于他。随后，我开始对经典语言学中句子层面的语法教学方法产生兴趣。稍后会再谈到这个问题。

毕笑博士：能请您介绍一下您的代表性学术著作吗？

贝阿古教授：我的第一批著作包括 1984 年与达洛（M. Darot）先生合作的《话语分析：阅读和表达》（*Analyse de discours : Lecture et expression*），由巴黎阿歇特（Hachette）出版社出版。1986 年主编《法语》期刊第 68 期“对外法语描写”（Descriptions pour le français langue étrangère）专题。1988 年出版《历史学家的修辞学：话语的语言学分析》（*La rhétorique de l'historien. Une analyse linguistique de discours*），本书基于我的博士论文，由彼得朗出版社出版，属于“交际科学”系列丛书。此后我在《话语分析》（*Carnets du CEDISCOR*）期刊上发表了一系列文章，并在 1994 年合作主编此期刊的专刊《专业话语的语言学研究路径》（*Parcours linguistiques de discours spécialisés*），1992 年主编《言语》（*Langages*）期刊第 105 期“书面语的民族志语言学”（Ethnolinguistique de l'écrit）专题。在结合语言和教学方面，我作为共同主编，编撰了《法语》期刊第 131 期“外语教师语法和外语学生语法”（Grammaires d'enseignants et grammaires d'apprenants de langue étrangère）专题，并参与由曼戈诺（D. Maingueneau）和夏洛多（P. Charaudeau）主编的《话语分析辞典》（*Dictionnaire d'analyse du discours*）的编撰，该词典于2002年由巴黎瑟伊（Seuil）出版社出版。同一时期，我参与编辑了《言语》期刊2004年第154期“普通元语言表征与话语”（Représentations métalinguistiques ordinaires et discours）专题，并发表了一些关于话语类型的文章。最近，我发表了《法语和语言教学中的语法教学法》（*La didactique de la grammaire dans l'enseignement du français et des langues*）一文（2010），并与卡姆巴赫（J. M. Kalmbach）共同主编了《法语》期刊2014年第181期“对外法语中语法描写的语境化”（Les contextualisations de la description du français dans les grammaires étrangères）专题，再次探讨了语言对比这一主题。

毕笑博士：请问您的主要创新理论观点是什么？您认为自己对语言学的贡献有哪些？

贝阿古教授：我的认识论立场相当特殊，作为一位语言教学法学者，我认为仅针对法语的描述过于封闭，没有充分利用与其他罗曼语言进行对比描述所迸发出的火花。例如，不定式用作名词（带冠词）“de”的用法（意大利语保留了“di / da”区别）或“ce qui / que”这样以代词开头的句子，“ce qui / que”在结构上对应西班牙语的“lo que”或意大利语的“quello che”。

我坚持认为话语“体裁”是不可或缺的，因为它既是学术性的又是日常的，它使得在一个明确的框架内语言社群间比较“大量”的语篇有了可能。从这个角度来看，它比标准的篇章体类（type de texte）更具操作性。

毕笑博士：在您看来，汉法语言对比研究应从何入手？尤其是在您的研究领域中，如何使汉法对比研究更加合理且有意义？

贝阿古教授：我认为语言学家实现的两种语言的对比描述成果对解决语

言习得的困难没有太大的帮助。结构主义对比语言学历史上失败的例子证明了这一点，并引发了根据数据研究语言习得的量性方法。因为语言事实之间的比较本身并不足以被教授，尤其是这些对比如果不是由习得者完成的，而是由已经完美掌握了两种语言的专家完成的时候。

促进习得的有效方法是通过使用语言形成语言的内化结构，并通过些许形式的反射得到加强。但这种内化过程必须通过“去母语化”过程来完成，因为学习一门未知的语言要依赖第一语言的各个范畴（这个过程被称为“母语化”）。正是由于这一点，像贝斯（H. Besse）提出的“概念化练习活动”（les exercices de conceptualization），即元语言反思活动就显得非常重要。我们还可以借助针对第一语言（如法语）建立的详细的描述，例如将介词 *à* 的宾语看作格语言中的“与格”。教师的其他对比活动，虽然并不一定很彻底、很系统，也能从整体上理解一些传统上分散呈现的语言事实，比如将法语传统语法上区分开来的语言事实放到一起进行讲解（像把“par”和“pour”放在一起对比，对西班牙语习得者而言是有用的）。这种类型的对比能有助于语言习得者对相似的语言单位进行区分使用，这些单位的区分对于法语母语者来说丝毫构不成问题，因此在法语母语教材中少有提及（例如对“c’est”和“il est”的区分）。这种类型的对比方法在相近的语言中尤其重要，因为相近语言间的差别往往不太凸显。

毕笑博士：请问您认为在哪些具体课题下进行汉法语言的对比研究比较合理？

贝阿古教授：事实上，教师“自发地”把相互不关联的语言活动进行对比，会拉近目标语言与学习者的第一语言或母语的距离。目标语言与学习者的第一语言或母语本质越不像，越能被称之为对比，是两个语言体系的相同点、不同点对比（如中文式法语可能进步更快）。此类平行描述旨在使学习者了解语言系统的不同运行方式，主要涉及语言事实。教师根据经验知道它们是反复出现的错误的来源，在语言教学中这些事实被称为母语干扰（interférences）或负迁移，例如母语为西班牙语的学生在有生命的直接宾语之前使用法语介词 *à*（**j'aime à mes amis*）的问题，母语为意大利语的学生区别法语“c'est”和“il y a”的问题。在这类课堂活动中寻找痕迹，编写错误清单或写入非母语教师编写的语法书中的想法就来源于此。

在此有必要向中国学者介绍“语法和广义语境化研究网络（GreC）”项目，该项目的官网如下：https://methodal.net/Reseau-Grammaires-et-contextualisation。这是一个由法语教师及研究人员联合研究开发的项目，系统研究描写对外法语广义上的语境化形式，主要通过法语语法著作、法语教材、频繁出错的清单、教师的解释性讲授（转述的或可以观察到的），甚至通过学习者对法语规律的观察来完成。在这些资料中，研究人员试图描述适应当地学习者的法语语法描写方式。

毕笑博士： 能请您给我们具体讲讲这个项目的主要内容吗？

贝阿古教授： 该项联合研究侧重于对法语作为外语教学进行描述的可观察的广义语境化形式。“语境化”指教学—学习情境的特征可能导致对法语描写的“改写化”。首先语言是社会语言的构成，可以指一个特定的空间（多语环境）或个人的语言谱系（多语者），也可以指使用者 / 学习者的元语言文化。后者包括被教授的语言表征，尤其是日常元语言词汇（例如法语中的“mot”单词、“expression”词组、“discours”话语），以及与当地第一语言或小学使用的主要教学语言有关的知识。与这个主题相关的部分研究可以在《法语》期刊 2014 年第 181 期“对外语法中法语描写的语境化”专题中找到。贝斯与波奎尔（Porquier R.）（《语法与语言教学法》，1984）也确定了这种语境化性质。这也是我自 1993 年以来进行的各类探索研究的对象，比如《教师的语法教学和对比经验》（1993）、大会论文集《作为外语的意大利语和法语》（1993）、《法语和语言教学中的语法教学》（2010）。

毕笑博士： 在您看来，如何把语言学和计算机科学相结合？如何用计算机辅助语言学研究？

贝阿古教授： 每种语言学理论都构建其特定的语言研究对象，而不仅仅是它的程式和基本概念，因此每个语言理论都必须根据其创建的描述性视角为自己配置工具。在我看来，处理人类语言的计算机科学家和语言学家长期以来一直在发展他们合作的形式、合作的认识论和方法论基础，正如机器翻译的进步所证明的那样。

毕笑博士： 在您所处的研究领域之中，您认为哪些主题是当今的研究热点？

贝阿古教授： 在对外法语教学中，对语法的需求总是很强，特别是当它符合教师熟悉的传统描述的时候。所以，语法教学没什么新意是因为没有寻求新意。从我的角度来看，法国教学法专家的言论和大学里培养教师的纲领都有一个强烈的倾向，即在掌握外语的过程中削弱正规习得的作用（因而也削弱相应的描写的作用）。大家更关心认识论、伦理学、“跨文化”……（我当然不是该领域的最后一个！）在我看来，这样的代价是缺少了必要的对句法学、语法—词汇关系和话语类型的描写的反思，这也可以是一种对比的方法，即使这些问题在不同程度上也取决于学习者的大语境和群体。

毕笑博士： 与您的谈话让我收益良多，非常感谢您接受此次采访。

第六篇

对外法语教学法研究前沿（下）

受访者：丹·沙瓦托夫斯基（巴黎第三大学）
采访者及译者：毕笑[①]（华东师范大学）

受访者简介

丹·沙瓦托夫斯基（Dan Savatovsky），语言学与法语教学法博士，巴黎第三大学（新索邦大学）语言学和语言文化教学终身教授、博士生导师。曾任巴黎第三大学语言学博士生学院院长、法语与语言教学法研究生院院长、268 实验室主任。1984 年起，任职于法国国家科学研究中心语言理论史研究所，同时担任法国中学教师资格考试评委会成员。研究领域涉及语义学、词汇学、术语学、语言学方法论、语言学史与对外法语教学法等，教授课程包括普通语言学与法语语言学、法语及对外法语教学法、语言学方法论与学科历史等。主要代表作有：《语言学著作语料库的语篇研究与发展》（*Développement et exploitation textuelle d'un corpus d'oeuvres linguistiques*）（2007—2011）、《日内瓦学派之前的学派：索绪尔和第 10 届东方学家大会（1894 年）》（2015）、《法语作为第二语言的历史档案：法语和文化传播（1905—1913）》（2020）。

① 采访者及译者简介见第 31 页。

采访正文

毕笑博士：丹·沙瓦托夫斯基教授，您好！请您首先谈谈总体上如何看待法国语言学的过去、现在和未来？

丹·沙瓦托夫斯基教授（以下简称沙瓦托夫斯基教授）：这个问题似乎不是很明确，得看您如何理解“法国语言学”这个概念，是指关于法语的语言学（研究法语语言的语言学），抑或是用法语撰写成的或由法国语言学家进行的语言学工作，而无论他们致力于哪一种（或哪些）语言研究。如果是第二种情况，我认为法国语言学可以这样描述：

它的过去是相当辉煌的，尤其是 17 世纪的普遍语法（始于 1660 年的罗瓦雅尔语法）和 18 世纪的哲学语法。这一时期之后，法国语言学研究被德国超越，后者成为类型学意义上语言比较的开创者。20 世纪后，索绪尔结构主义使法语语言学重新焕发活力，1950 至 1970 年期间是法国语言学又一个黄金时代，主要代表人物有本维尼斯特等，法国的语言学就方法论而言成为民族志学、社会学、心理学、符号学等其他社会、人文科学的模板。但这之后法国并没有像古典时期那样占据优势地位：美国（尤其是在语法方面哈里斯和乔姆斯基的理论、社会语言学方面拉波夫的研究）和英国（由奥斯汀发起的言语行为理论）撼动了法国第一的宝座。

毕笑博士：那现在法国语言学的情况如何？您又如何看待其未来的发展？

沙瓦托夫斯基教授：法国语言学自 20 世纪 80 年代以来向更广阔的“语言科学”领域开放。除了传统的学科（历史语言学、语音学 / 音位学、语法 / 语义学、形态学、句法学），语言学实际上已扩展到语用学、会话分析、语言教学、语篇分析、语言学史 / 语言认知论、语言自动处理等众多领域。尽管如此，我们再也不能像 50 年前那样称之为“黄金时代”：法国大学学生人数、大学语言学职位的数量，出版社的发行量、专业期刊的数量等都在趋向减少，未来则很难说。20 世纪最后 30 年新兴研究领域的趋势可能会持续下去。其中一些领域与其他学科形成交叉学科——认知语言学（与神经科学相关）、语言自动处理（与计算机相关），随着大数据的产生（大部分语料库现在在因特网上可以获得），后者的发展更为显著。此外，应用语言学的研究将继续保持活力，因为它符合社会需求，主要包括词典编纂（所有类型的词典今后将是计算机化的）、医学（实验语音工作）、语言教学（尤其是对外法语教学）。如果说法语传播的传统地区和国家（欧洲和美国）在减少，其他地区和国家似乎发展迅速，例如非洲、中国等。

毕笑博士：请问您个人的研究领域具体是哪些？您有哪些代表性的学术著作？

沙瓦托夫斯基教授：我个人的研究主要集中在语言理论和语言教学的学科历史以及相关认识论上，此外我也对语言教学法颇感兴趣。相对应地，我的著作一部分关于 19 世纪和 20 世纪语言学的历史，另一部分则涉及语言知识的学科化，包括教学法化。

毕笑博士：请问您的主要理论观点是什么？您认为自己对法国语言学的贡献有哪些？

沙瓦托夫斯基教授：谦虚地说，我想我稍稍促进了教学法领域内的史学分析模型的发展，特别是在教学学科历史方面的研究，此类研究将重点放在研究学生和教学练习上。在这个领域，我捍卫的观点是相对于学术知识，教学知识具有相对自主性，这个观点有别于教学知识具有绝对自主性的观点 [安德烈 · 切尔维尔（André Chervel）是这一观点的支持者之一]，又不同于“教学转换”理论学家的观点。

毕笑博士：在您看来，汉语、法语进行语言对比研究应该从何入手？尤其是在您的研究领域中，如何使汉法对比研究更加合理且有意义？

沙瓦托夫斯基教授：显然，目前许多有趣的研究都以汉语、法语语言对比为研究对象，在中国（遗憾的是我不懂中文，我不能直接了解大部分这类研究）和法国都是如此——至少我相信大量的硕士和博士论文，特别是我所在的新索邦大学采用了这种对比方法。

毕笑博士：请问您认为在哪些具体课题下进行汉法对比研究比较合理？

沙瓦托夫斯基教授：在语言学和教学法的所有领域，无一例外，可能语法领域具有更强的相关性（例如动词—体态系统、指称代词系统等）。最近五六年已经出现了一些有趣的教学法研究（例如硕士学位论文，尤其是博士学位论文），进行中文、英文、法文三方比较，分析对法语作为第三语言的中文学习者来说，之前的英语学习对法语学习方式的影响。

毕笑博士：在您看来，如何把语言学和计算机科学相结合？如何用计算机辅助语言学研究？

沙瓦托夫斯基教授：我之前提到过，继续进行自然语言处理在各级分析中的研究：词汇（迄今为止探索最多的领域）、句法（章法）和语义——但在这个领域创建工具面临很多困难。在这方面最有希望的应用之一当然是自动翻译，尽管自20世纪50年代创建该领域以来取得了巨大进步，但仍然需要改进，有改善提高的空间。

毕笑博士：在您所处的研究领域之中，您认为哪些主题是当今的研究热点？

沙瓦托夫斯基教授：第一，在教学法学科历史领域，加强组建档案的方法，与其他分析领域一样，无论是否和历史相关，都应该构建所有研究者都可以使用的互联网“大型语料库”。第二，在语言理论历史学方面，研究“历史的历史”，也就是说研究过去的语言学家采用的不同的史学分析模型，从而有助于将这门科学转化为“学科”。

毕笑博士：非常感谢您接受我们的采访！

第七篇

法语词汇学研究前沿

受访者：萨米尔·巴伊里奇（勃艮第大学）
采访者及译者：毕研婧（首都经贸大学）

受访者简介

萨米尔·巴伊里奇（Samir Bajrić），勃艮第大学语言学教授，“文本、文化多学科中心”实验室主任。先后任教于巴黎天主教学院（2001—2012年）、巴黎索邦大学（2000—2012年）、勃艮第大学（2012年至今）等多所高校。拥有意大利语学士、法语与德语硕士、普通语言学与对比语言学硕士、语言学博士学位，精通法语、德语、意大利语、克罗地亚语、俄语、英语、塞尔维亚语、阿尔巴尼亚语等多种语言。独立撰写或参与撰写《语言学、认知学及教学法：语言学与教学法的理论与练习》（2013）等专著7部，发表《日常生活中的语言》（2018）等论文30篇，出版译著1部，参与国际学术研讨会40余次。

采访者及译者简介

毕研婧，2013—2017年国家留学基金委（CSC）公派博士生，勃艮第－弗朗什－孔泰大区大学语言学博士。现任教于首都经济贸易大学外国语学院，担任亚欧语系教研室主任。主持“基于语料库的语言与文化视角下的熟语研究”“中外籍法语教师合作教学模式探究”等校级科研项目4项，参与“基于多模态语料库的北京城市国际形象历时研究”等国家级、省部级项目3项。出版专著《法汉熟语对比研究》(2020)，发表学术论文10余篇，多次参加国际学术研讨会并发言。

采 访 正 文

毕研婧博士：萨米尔·巴伊里奇教授，您好！作为通晓多种语言的学者，您对各门语言的精通程度是否相似呢？

萨米尔·巴伊里奇教授（以下简称巴伊里奇教授）：作为语言学家和语言的使用者，不同的语言在我个人生涯中所处的位置是不同的，从共时的角度看：

- 内在性语言（精通的语言）[①]：法语、克罗地亚语、德语、意大利语、塞尔维亚语、英语、斯洛文尼亚语；
- 现时性语言（熟练的语言）：保加利亚语、土耳其语、西班牙语；
- 潜能性语言（入门级的语言）：俄语、捷克语、罗马尼亚语、拉丁语等。

毕研婧博士：“多语者”这个身份对您语言学家的职业生涯来说是否是个优势呢？这会给您的研究带来不同的视角吗？

巴伊里奇教授：这一点毋庸置疑！并且，个人愚见，通晓多种语言也会给语言学的研究带来优势，这一点可以在语言学家前辈中睹微知著，比如弗兰茨·博普（Franz Bopp）、鲁西安·特斯尼埃、克洛德·海然热（Claude Hagège）等。这无疑是更好地理解语言多样性和语言现象的天然优势。

---

① 巴伊里奇教授借鉴了语言学家古斯塔夫·纪尧姆在其时态理论中使用的源自拉丁语的术语“in esse, in fieri, in posse”，把人类掌握的自然语言分为三类：langue in esse意指说话者所精通并具备较高程度语感的语言；langue in fieri意指说话者所熟悉并能利用其交流沟通，但不具备较高程度语感的语言；langue in posse意指说话者仅对其有所了解，入门级的语言。——译者注

毕研婧博士： 请问在您的职业生涯中，哪些语言学家对您的影响最深呢？

巴伊里奇教授： 我受到以下语言学家的影响和启发：威廉·冯·洪堡（Wilhelm von Humboldt）、古斯塔夫·纪尧姆、罗曼·雅各布森（Roman Jakobson）、鲁西安·特斯尼埃、兰科·布加尔斯基（Ranko Bugarski）、奥利维耶·苏泰（Olivier Soutet）。

毕研婧博士： 您如何看待法国语言学的过去、现在与未来？

巴伊里奇教授： 这是一个比较宽泛的议题。自索绪尔的语言学进入到学术层面，法国语言学迅速发展，其优势表现为一系列杰出的语言学理论相继而生，比如鲁西安·特斯尼埃的结构句法理论、古斯塔夫·纪尧姆的心理机制理论、安托万·居里奥利的表述语言学理论、安德烈·马丁内的功能语言学理论、莫里斯·格罗斯的“词汇—语法”理论、萨拉赫·梅杰里（Salah Mejri）的语言固定表达结构理论等。就目前而言，这门学科越来越有向实用性和功利性发展的趋势，而这对语言科学内核的发展并无益处（例如对法语教学法的研究）。最后，法国语言学将走向何方呢？个人鄙见，法国语言学或者法语语言学迟早会回归到基础理论研究上的。当各类相关研究机构意识到，无论是语言的演变还是人类物种的进化，都需要再次对语言现象学和语言哲学产生极大兴趣的时候，研究风向就会产生变化了。

毕研婧博士： 您的个人研究领域有哪些？

巴伊里奇教授： 法语语言学、普通语言学与对比语言学（罗曼语、斯拉夫语、日耳曼语等）、人类语言学、社会语言学、心理机制理论、结构句法学、翻译学、句法、语义、语用、语言类型学、语言的认知主义、语言的幼态持续（néoténie linguistique）、语言的欲说之意等。

毕研婧博士：您的学术研究属于哪个方向？您对法语语言学的贡献是什么？

巴伊里奇教授：这个问题既复杂又比较微妙。如果要回答的话，我致力于对语言学历史上和认识论中一些重要的研究主题做出理论化研究。因此，我是全力支持理论语言学（不管是法语还是其他语言）的发展的。另外，我认为在我的研究方向上，通过加入一些新的理论概念和新的方法论，可能对语言学的发展做出了一些贡献，比如：对法语动词“faire”（做）的系列研究，提出了复合语“抽屉句”（phrase-tiroir）的概念，对语言心理机械论的系列研究，对结构句法理论的拓展，以及将幼态持续（néoténie）这一概念引入到语言学中，用二元对立指代语言本身事实（faits de langue）与习得事实（faits d'appropriation），从而揭示了双语人从单语过渡到二语的心理学、社会学特征。

毕研婧博士：在您看来，尤其是在您的研究领域内，对比性研究如何能更具积极性和合理性？

巴伊里奇教授：这是个套套逻辑的命题[①]，因为积极性和合理性本身就是不可否定的。所有语言间的对比研究，不管是法汉的还是法语与其他语言的，都可以让我们更好地理解语言现象。对我而言，法汉语言学对比研究亦是如此。

毕研婧博士：在您的研究领域内，比较前沿的研究主题有哪些？

巴伊里奇教授：仅列举几个例子：

- 2005 年的《语言直觉机制探析》（*Questions d'intuition*），发表于《法语》第 147 期。
- 2008 年的《当代法语动词 *faire* 的句法和语义解析》（*Le verbe faire en français contemporain : syntaxe et sémantique*），发表于《当代语言学——句法与语义》（*Suvremena lingvistika*）第 66 期。

① 即总是为真的命题。——译者注

- 2014 年的《时间、空间和意义：语言的心理机械论及结构句法》（*Temps, espace et signification: psychomécanique du langage et syntaxe structurale*），发表于《法俄语言学与教学法》（*Cahiers franco-russes de linguistique et de didactique*）。
- 2017 年的《语言与语言使用主体：共时之于历时》（*Langues et locuteurs: synchronie contre chronologie*），收录于专著《致敬苏泰先生——对语言的思索：词义、篇章、历史》（*Hommages à Olivier Soutet, Penser la langue. Sens, texte, histoire*），该著作与菲利普·蒙内雷（*P. Monneret*）、巴迪欧–蒙费朗（*Badiou-Monferran*）合编，奥诺雷·尚皮永（Honoré Champion）出版社出版。

毕研婧博士：谢谢您的介绍，我们对您所说的一些概念十分感兴趣。

第八篇

陈述语言学研究前沿

受访者：卡特琳娜·富格斯（法国巴黎高等师范学院）
采访者及译者：王雪（哈尔滨师范大学）

受访者简介

卡特琳娜·富格斯（Catherine Fuchs），法国国家科学研究中心名誉主任，巴黎高等师范学院"语言、语篇、信息处理与认知"实验室（LATTICE）、"语言、文本、模型"（LTM）以及卡昂大学"语义、歧义、阐释的语言学研究"（ELSAP）实验室创始人，曾任教于法国社会科学高等研究院、法国国立工艺学院、巴黎第七大学、巴黎第三大学、卡昂大学等高校，获法国荣誉军团勋章。主要研究领域为法语语法、语篇及翻译研究。出版学术专著10余部，包括《法语中的模糊语义》（1996）、《法语比较表达方式》（2014）等；编著数十部，包括《认知语言学》（2004），《〈嫉妒〉中的空间：翻译、移植、位移》（2016）等。在国内外学术会议上发表讲话近百次，并发表了大量学术论文。

采访者及译者简介

王雪，北京语言大学欧洲语言文学专业博士，现任教于哈尔滨师范大学。发表论文《浅析莫迪亚诺小说〈暗店街〉中的心智空间》（2020）、《整体—部分联想回指主有性的法汉对比分析》（2021）。参与王秀丽教授2019年国家社科基金一般项目"建立在语篇自动标注平行语料库之上的汉法衔接方式对比研究”；主持2020年北京语言大学研究生创新基金（中央高校基本科研业务费专项资金）项目“汉法话语范围导入词对比研究”；主持2020年黑龙江省教育厅青年创新人才项目“汉法平行语料库的构建、对齐和应用研究”。

采访正文

王雪博士：卡特琳娜·富格斯教授，您好！今天的采访主要是想请您谈谈“陈述语言学”的相关内容。能不能请您先就这一学派的相关术语和基本内容进行简单的介绍？

卡特琳娜·富格斯教授（以下简称富格斯教授）：首先有必要明确“énonciation”（陈述）的意义和用法。“énonciation”来源于动词原形“énoncer”。在法语和英语中，这个词通常都有三层意思：第一是“陈述”意义，第二是“提及”意义，第三是“伴语言”意义。“陈述”这个词在语言学上有特殊意义，通常指在语境中说或写一个“语句”。“陈述主体”就是指说话的第一人称“je”（我）。同理，“陈述痕迹”指语句中的语言要素，这些要素指代的是语言的上下文语境。

如果参照索绪尔的语言和话语的二元对立理论，我们可以说陈述语言学研究的是这两个层面分布清晰的关系。换句话说，就是说话人在具体语用中如何“使用”语言符号。

然而，上述的二元区别仍然比较模糊。如果比较详细的思考当代语言学理论的演变，我们可以系统地区分三个语言学流派对陈述语言学诞生的影响。

第一个流派主要关注“言语行为”，指句子（phrase）的实现对应一个“类符”（type），而陈述话语与特殊场景，即“形符”（token）相连。本领域的研究与纯语言学和语言哲学相关，最常见的现象涉及指称现象、预设和真值。

第二个流派重点关注“陈述主体”和“陈述”之间的不同距

离和复杂关系。从这个角度看，这类研究特别针对社会语言学和语言变异研究，或文体学和文学研究。

第三个流派，即我所要讲的这一类，是严格意义上的语言学研究，我称之为“严格意义或狭义上的陈述语言学”，从某种程度上讲，这类研究在某种程度上转移了语言和言语之间的对立，旨在某一语言系统内部陈述情景中找寻陈述主体的具体操作条件。由此，尝试发展言语和语言的陈述语言学理论。

与前两类（主要源自盎格鲁–撒克逊）在全世界广泛流传的状况不同，第三类研究潮流，土生土长，发展于法国，除西欧法语地区外，鲜少为人所知。

王雪博士：感谢您让我们对这一学派有了基本的了解。接下来请问您，陈述语言学有哪些重要学者或代表人物呢？

富格斯教授：我在此主要介绍对陈述语言学产生重大影响的四位语言学家，包括两位前辈大师夏尔・巴利（Charles Bally）（1865—1946）和古斯塔夫・纪尧姆（1875—1960），以及离我们更近的埃米尔・本维尼斯特（1902—1976）和安托万・居里奥利（1924—2018）。

前两位是先驱，虽然他们并没有真正构建有关陈述概念的理论（这个术语本身并没出现在他们的著作中）。但值得注意的是，当结构主义开始发展时，这两位语言学家在进行语言描写时，就都以自己的方式将讲话主体引入到语言描述中。

王雪博士：能请您分别对他们进行介绍吗？

富格斯教授：夏尔・巴利是一位瑞士语言学家，继索绪尔之后，担任日内瓦大学的普通语言学和印欧语比较的首席语言学家。作为《法语文体学纲要》（1909）的作者，他通过研究口语和口语中的主观色彩，尝试建立一种语言学（而非文学）的文体学研究。

古斯塔夫・纪尧姆是一位法语语言学家，他建立了一个语言的心理机制理论，他认为描写语言（可理解为动态图示系统）

应该过渡到话语的思维操作。该理论尤其可用于解释语言的某些微观体系，比如法语中的定冠词“le”和不定冠词“un”，根据语境都可以表示类指或特指，对于纪尧姆来说，可以用“切割”运动的概念来对应法语每一个冠词的所指。另一个例子是时间系统，在法语中，根据上下文，未完成时可以指现实的或非真实的，纪尧姆还是运用描述运动“切割”的概念来阐释这些意义在篇章中的效果。

王雪博士： 谢谢您的介绍，请问后面的两位语言学家和陈述语言学的关系又是如何呢？

富格斯教授： 后面的两位学者是真正将陈述的概念引入到语言学理论中来的。对他们来说，如果不考虑话语陈述的维度，就无法正确描述这些陈述。

埃米尔·本维尼斯特是一位法国语言学家，曾任法兰西公学教授，研究领域是印欧语法对比和普通语言学。是他真正阐述了语言的陈述维度，并在一篇题为《陈述的形式配置》的文章中提出“陈述”概念。该文发表于1970年，随后收入他在1974年发表的专著《普通语言学问题》中。在本维尼斯特看来，“陈述行为”通过一些类别的符号指向存在现实，这些符号即是指示系统。其中有人称指示“我”“你”，它们既不指一个概念，也不指一个个体，它们只是指示说话人在语境中轮流成为“陈述者”和“共陈述者”；有时间指示，比如动词时态（法语中的现在时是指陈述的当时）、时间指示词和时间回指词（如昨天、前一天等）；还有空间指示（“这儿”就指陈述者所在的地点）。陈述行为使得陈述者占有语言并通过其陈述地位将语言转化为话语，语句总是指向既定的“我—此地—此时”。

安托万·居里奥利也是一位法国语言学家，研究英语的学者，曾是索邦大学教授，后到巴黎第七大学（他建立了巴黎第七大学的语言研究系，随后成立形式语言实验室）。居里奥利的语言研究注重认识论方面的思考，独具创见，既不同于结构主义语言学也不同于乔姆斯基的生成语法。他的语言学理论称为陈述和谓词的操作理论，也是我重点关注的内容。

王雪博士：能不能请您给我们详细介绍上述居里奥利的与陈述和谓词相关的内容？

富格斯教授：居里奥利将语言学家的研究对象定义为通过“各种各样的语言”所得出的言语活动。值得一提的是，居里奥利本人研究过很多种语言，还指导过很多博士学位论文，涉及各种不同语言的研究，其中包括印欧语（首先是英语）、斯堪的纳维亚语、斯拉夫语（如俄语、马其顿语、保加利亚语、塞尔维亚－克罗地亚语）、罗曼语、希腊语、科西嘉语（在他的著述中相当多），还有美洲印第安语、闪语、非洲语言、亚洲语言、奥斯特洛尼西亚语，再加上匈牙利语、巴斯克语和泰米尔语。

王雪博士：请问居里奥利的主要理论观点有哪些？

富格斯教授：在居里奥利看来，语言学家的研究对象无法直接观察到，因此其工作就在于通过对各种不同语言的细致描写，推导出可观察的材料（也就是理论模型），这样就可以找出不变的元素，构建出一个“元语言表征体系”。这种方法和基于语料的经验式研究是相反的，它主要是从陈述话语中语言“标记”分布时留下的线索出发，来描绘言语活动的构成操作特征。

陈述和谓词的操作理论并不分离句法、语义和语用。它和其他陈述语言学的区别在于，它赋予“陈述者”——或者更准确地说是两位“共陈述者”（分别对应“发话者”和“接收者”）——以及“陈述语境”以“操作地位”。这些术语构成一个“绝对根源参照点”，由这一参照点开始，通过指称物和指称词之间形成的一系列指称，进行一系列的陈述建构操作。该理论有两个核心概念，即“概念域”和“辨识关系”。

王雪博士：能不能请您深入介绍一下这两个概念？

富格斯教授：概念域建构一个陈述句首先要选择一定数量的“概念”，

陈述者在一个谓词图式中将这些概念建立起联系，并通过陈述操作赋予每一个概念一系列指称意义。

比如，从以下三个概念“作为存在物的猫”“吃、被吃”“作为存在物的老鼠”出发，谓词图式（也称“动谓”）{猫，吃，鼠}，根据陈述者建构的限定操作、体操作、时操作，可以产生一系列的陈述句：有一只猫正在吃老鼠；我的猫，它刚吃了一只老鼠；这只老鼠，猫把它吃了；这只猫有被老鼠吃掉的危险；各种各样的猫吃各种各样的老鼠；猫是吃老鼠的；等等。

每一个概念都和一个“概念域”相联系，“概念域”具备以下特征：

- 所有的概念域都有“语言单位组”，对概念进行“量的限定”，因此会有一只猫、三只猫、这只猫、我的猫等。
- 从“质”上来讲，所有的概念域都由内部范畴、中心典型成员、界限和外围四方面构成。

内部范畴可以建立起互相之间既有区别又有共性的不同语言单位，因为所有语言单位都拥有共同的特征（猫作为存在物）。中心典型成员对应的是典型语言单位，出现在自动辨认操作中[这是一只真正的猫（而不是一只可怕的未被阉割的公猫），这是一只名副其实的猫]或定类操作中（猫就是猫，猫永远都是猫）。外围视情况不同，提供一个虚指、空缺、不可能、异质性。异质性在法语中有外显性的表达方式：这不是一只猫；这根本不是一只猫；这和猫没有一点关系。界限包含的意义既不属于内部范畴，也不属于外围，而是根据交流、对话、论证中的陈述者行为，可以从属于内部范畴，也可以从属于外围：“这不真正是只猫，但毕竟还是一只猫”或者“这根本真正不是一只猫”。

这一模型源于拓扑学，模型的外围代表“强异质性”（也就是相对于中心典型成员的一种离心性或者分离性关系），界限代表“弱异质性”（也就是相对于中心典型成员的一种区别性关系）。

王雪博士：“概念域”的基本内容我们清楚了，能不能请您接着介绍一下“辨识关系”以及相关定义呢？

富格斯教授：居里奥利在 1973 年曾说过“陈述就是构建一个空间，指引、确定、建立一个指称意义网，简言之，一个辨识系统。对各种各样的语言进行细致的观察，将表面上相差甚远的现象理论化，这两者分别让我确定了定位关系这个主要关系。定位的观念与相对定位观念和定指观念相关”。

通过 y 来辨识 x，也就是说 x 是通过 y 来定位的。用作标记（参照点）的 y 也可以通过另一个标记或者一个溯源标记得到辨识。在一个指称体系内部，我们通过词语 y 来辨识词语 x 时，此操作提供给词语 x 一个指称意义，而之前 x 是没有这个指称意义的。根本的观点就是一个物体只有通过辨识体系才能获得确定的意义。

陈述理论的中心观点就是，不同的情况下，辨识关系可以拥有同一意义、区别意义或者分离意义（脱离意义）。辨识关系既可以说明谓词操作（代表概念的词汇间建立概念及其相互关系）又可以说明陈述操作（建立人称、时态、体态、句式、限定的指称意义）。

王雪博士：能不能请您就“辨识关系”再给出一些具体解释呢？

富格斯教授：在陈述辨识中（相对于陈述情景、绝对溯源标记），关于主体并列，常见的辨识标记是人称（同一意义：我。区别意义：你。分离意义：他、她。）。关于时空并列，常见的辨识标记是时体表征，如在法语中：

- 同一意义：Chut! Il dort.（别出声，他睡觉呢！）（我说话时）
- 区别意义：Ça y est, j'ai terminé mon travail.（好了，我完成工作了。）（此刻我没在工作）
- 分离或脱离意义：La marquise sortit à 5 heures.（侯爵夫人五点出去过。）（与我说话时刻完全无关）

在谓词辨识中（辨识关系依靠陈述用词），标志词是起限定作用的词，限定词可以明确被定位词的存在并 / 或给被定位词定性（确定性质），如：

- 同一意义：la ville（被定位词）de Paris（定位词）；ce livre（被定位词）est un dictionnaire（定位词）（巴黎是一座城市；字典是一本书）
- 区别意义：Jean（被定位词）est à Paris（定位词）; Mon frère（定位词）a un bon dictionnaire（被定位词）（让是人，不是一座城市；哥哥是人，不是一本书）
- 分离或脱离意义：Jean（被定位词）part pour Paris（定位词）（让不是一座城市，他也不在城市里）

最后我想以一些关于元语言的内容作为结束语。为了寻找精确的元语言，居里奥利没有采用代数形式系统模型，他认为这种模型与语言运行机制相去甚远，他选择借助“拼拼凑凑”（貌似不成体系）的形式主义（如辨识关系）和几何学（参见概念域的拓扑法）。

王雪博士：谢谢您的解答！

第九篇[1]

濒危语言与语言类型学研究前沿

受访者：德尼·克雷塞尔（里昂第二大学）
采访者及译者：饶敏（重庆工商大学）、王鹏飞（外交学院）

受访者简介

德尼·克雷塞尔（Denis Creissels），法国 DDL（Dynamique du Langage）实验室研究员，曾任教于格勒诺布尔第三大学、里昂第二大学等高校，现为里昂第二大学名誉教授。主要从事濒危语言的描写与分析及语言类型学的研究，是目前法国最知名的非洲及高加索区域语言学家之一，尤其在匈牙利语、非洲班图语支的茨瓦纳语（le tswana）、东北高加索语系（la famille nakh-daghestanaise）、阿瓦尔－安迪语支（la branche avar-andi-tsez）的阿赫瓦克语（l'akhvakh）等语言的研究上成绩斐然。先后出版专著 15 部，发表学术论文 160 余篇，代表著作有《巴乌雷语[2]的语音及语法描写》（1977）、《曼丁哥语[3]语法概要》（1983）、《非洲黑人语言描写与句法理论》（1991）、《非洲黑人语言语音结构概要》（1994）、《普通句法纲要》（1995）、《基塔的马林凯语[4]》（2009）、《曼丁哥语：音

---

① 本文部分内容发表于《文学教育》（上）2020 年第 3 期。——编者注

② 法语原文为 Baoulé，非洲科特迪瓦中部以及中西部地区使用的一种语言。——译者注

③ 法语原文为 Mandinka，非洲几内亚、塞内加尔、冈比亚等地使用的一种语言。——译者注

④ 法语原文为 Malinké，非洲马里基塔地区使用的一种语言。——译者注

位、语法、历史》(2013)。他在语言类型学研究上颇有建树，他的专著《普通句法学——语言类型学入门》(2006)一书，成为法语国家与地区高校最为认可的普通语言学教材之一，同时也被语言学家们奉为语言田野调查不可或缺的随身携带的“法宝”，是语言类型学的经典参考书目之一。

采访者及译者简介

饶敏，副教授，里昂第二大学语言学学士、硕士，法国社会科学高等研究院语言学博士。中国语言学学会会员、中国民族语言学会语言类型学专业委员会副秘书长、美国语言学会会员。在法国出版法语专著1部，在国内外发表CSSCI、人大复印资料转载等不同级别的学术论文数篇。主持1项国家社会科学基金项目、2项教育部项目、2项省部级项目、1项重庆市教委重点项目等；参研多项各级别的纵向课题。多次参加国内外重要学术会议，并做大会发言。研究方向为语言类型学、濒危语言描写应用语言学、社会语言学及区域国别研究。

王鹏飞，北京语言大学博士，现为外交学院外语系法语专业教师，并兼任法属波利尼西亚大学孔子学院中方院长，获评北京市课程思政教学名师称号。主持或参与国家级、省部级、校级科研项目多项，发表论文20余篇。主要研究方向为篇章语言学、汉法语言对比、外语教学法。

采访正文

饶敏博士： 德尼·克雷塞尔教授，您好！请您向中国语言学专业人士介绍一下法国语言学的过去、现在和未来。也就是说，法国语言学走过了怎样的发展历程，并大致预测一下未来的发展趋势。

德尼·克雷塞尔教授（以下简称克雷塞尔教授）： 首先必须了解“法国语言学”这个术语，它一方面可以针对法语的语言学研究，另一方面也可以指法国语言学家对世界上各种其他不同语言以及对语言普遍规律所做的研究及贡献。

法语语言学研究有着丰富而古老的传统，涵盖法语研究的各个方面：形态句法、音位学、词汇学、语义学和语用学。数个世纪以来，对语言研究做出过卓越贡献的法语语法学家和语言学家不胜枚举。现如今，法语语言学课程和普通语言学课程在法国大学广泛开设，同时也是法国国家科学研究中心（CNRS）旗下众多联合实验室的主要研究课题。近年来，法语语言学研究由法语语言学研究所（Institut de Linguistique Française）统一协调，在该研究所的倡议下，举办了世界法语语言学大会（Le Congrès Mondial de Linguistique Française）。大会每两年召开一次：2008 年在巴黎举办，2010 年在美国新奥尔良举办，2012 年在里昂举办，2014 年在德国柏林举办，2016 年在法国图尔举办，2018 年在比利时蒙斯举办；每届会议平均有 300 名与会者。此外，还有一项“大法语语法”（Grande Grammaire du Français）项目正在进行，该项目旨在创立百科全书式的语法模型，在其他许多语言中已经实现。值得一提的还有创刊五十多年的法语语言学季刊《法语》。

对法语进行研究的法语语言学蓬勃发展，这显然与法语语言自身的活力及其在国际社会上的影响力紧密相关。在这个特殊的问题上，法国人往往对自己语言的地位及其未来前景相对悲观，因为他们总是怀念法语居于世界语言支配地位的那个时代。当时，法语的地位可是能与眼下英语的地位相媲美的。但考虑到法语目前仍然被为数不少的国家作为官方语言或具有特殊地位的第二语言，我们也不能忽视法语仍然是一门重要的国际语言这一事实。从这个角度来说，鉴于法语是撒哈拉以南许多非洲国家的第一非本土语言（甚至经常是唯一的官方语言），我们对未来几十年该地区的语言研究的可预见发展会更加乐观。

饶敏博士： 您能不能再详细介绍一下法国语言学的研究动态和现状？

克雷塞尔教授： 法国语言学者对各种不同语言以及语言普遍性的语言问题研究，在这一领域也存在着古老而丰富的传统，这种传统一直存在且并没有任何削弱的迹象。在这一传统的发展过程中我们会发现一些有趣的趋向，尤其是与世界各地语言学的互动。长久以来，法国的语言学给人一种孤立的印象，尤其是英语作为国际科学语言日益居于统治地位，而大多数法国语言学家倾向于只使用法语。正因如此，一些在法语语言学界取得巨大成功的理论在法国以外的国际社会几乎毫无反响，20 世纪 70 年代由安托万·居里奥利提出的“陈述行为理论”（la théorie des opérations énonciatives）所遭遇的状况就是这样。然而，这一情况在过去 20 多年间已经发生了根本性的变化：法国语言学家们越来越重视其研究成果在国际上的传播，他们也越来越多地参加英语为唯一工作语言的国际研讨会，并在重要的国际语言学期刊上发表论文。在法国本土，在语言学研讨会中使用英语已经司空见惯，这与法国语言学家与其他国家语言学家的合作与交流日益紧密的趋势是一致的。现在，外国博士生和博士后无须事先熟练掌握法语，便可前往法国的语言学实验室开展研究，这是在最近二十几年间才成为可能的。以我所在的实验室为例，由于组内有并未熟练掌握法语的外国成员，近年来实验室内部研讨会以英文开展已成常态。这其中重要原因之一是近年来欧洲的规定，越来越多来自欧盟其他国家（德国、意大利、西班牙等）的语言学者来到法国的语言学实验室工作。

饶敏博士：请问您个人所在的研究领域研究动态是怎样的？

克雷塞尔教授：在我个人感兴趣的研究领域里，首先，我注意到在描写语言学中，除了那些以相对个人的形式对分散在世界各地的语言开展研究的学者之外，法国现在还有一些比较大型且活跃的研究团队对下述区域语言进行集中研究：东亚语言、撒哈拉以南非洲语言以及南美洲土著语言。其次，值得注意的是，不同领域的描写语言学家逐渐注意到语言描写与类型学研究之间的关系，并愈发主动地参与到法国境内以及国际范围内的类型学研究项目中来。

饶敏博士：能请您接着介绍一下您个人的研究领域具体是哪些吗？

克雷塞尔教授：我个人的研究主要集中在两个我认为互补的领域：对文献较少或无文献资料的濒危语言进行描写，以及语言类型学特别是句法类型学。我还发表了一些关于斯拉夫语和匈牙利语（这些是我最早研究过的语言）以及巴斯克语研究的文章。形态句法学一直是我研究兴趣的核心，但我研究的语言对象往往记载文字、文献较少，有时阻碍了我对这些稀有濒危语言进行深入的研究。对某些语言，我还必须或多或少地探讨音位学的某些方面。例如，撒哈拉以南非洲语言通常具有复杂的音调系统，这些语言中音调变化具有重要的形态学功能，我对音调学研究也非常有兴趣。

我对濒危语言的研究工作主要集中在撒哈拉以南非洲语言上。除我研究十余年的主要研究课题茨瓦纳语（博茨瓦纳和南非使用的班图语）之外，我还研究过一些西非的语言，主要包括巴乌雷语（科特迪瓦使用的克瓦族语言）、班巴拉语（马里使用的曼德族语言）、曼丁哥语（马里使用的曼德族语言），以及巴兰特－冈亚语（塞内加尔大西洋语系语言）。我目前正在跟一位塞内加尔语言学家阿兰·克里斯蒂安·巴塞纳（Alain Christian Bassène）一起合作一项关于大西洋语系朱拉语（jóola fóoñi）的语法研究。

饶敏博士：能请您介绍一下您近期在研的项目情况吗？

克雷塞尔教授：进入新世纪，我也对高加索语言研究产生了浓厚的兴趣，对在阿塞拜疆和达吉斯坦区域内使用的阿赫瓦克语进行了田野调查并发表了几篇相关论文。

至于语言类型学方面的研究，我主要致力于对非洲撒哈拉沙漠以南地区语言的研究以及辐射范围更广的语言类型学研究。在 20 世纪 90 年代初期出版了两本概论书籍，一本关于音位学，另一本关于形态句法。其后又不时还会回到这个主题上进行研究。我最近才为一本几个月后即将出版的合著写了关于非洲语言形态句法类型学的一章。

关于普通语言类型学方面的研究，我最近主要集中精力在做语言主有结构的类型学研究。这个主题曾经是我的国家博士论文（在法国，直到20世纪80年代，国家博士论文仍是被聘为高等教育教授所必需的文凭论文）的主题。最近我跟汉语专家曹茜蕾（Hilary Chappell）教授合作，将这一主题拓展到了亚洲语言里，我们一起做了东南亚语言主有谓语的类型学研究，也发表了相关研究成果。当然对于类型学的研究，我的研究范围还会涉及以下方面：名词的格标记系统、动词及物结构和不及物结构的配列（alignement）（作格型/宾格型）、无人称结构、语义角色、存在谓体、及物性和动词配价等。此外我还对语法化现象、历时类型学，即从历时的角度来研究语言类型变化的规律性进行了研究。此外，我还研究了及物结构和不及物结构之间的配列关系变化而导致的语言的历史演变。

饶敏博士： 能请您介绍一下您的代表性学术著作吗?

克雷塞尔教授： 关于我的研究成果的完整清单大家可以访问我的个人网页，具体网址如下：http://deniscreissels.fr。这里我给大家介绍一些已经出版，且我认为很能代表个人研究事业的部分文章：2018年的《历时角度下的编码必要原则》（*The Obligatory Coding Principle in diachronic perspective*）一文收录在《共时和历时的语言类型学层级》（*Typological hierarchies in synchrony and diachrony*）一书里；2017年《阿赫瓦克语北支的及物性与动词配价》（*Transitivity and valency in Northern Akhvakh*）；2014年《功能短语的共时和历时研究》（*Functive phrases in typological and diachronic perspective*）；2013年《主有结构和存在结构的控制和演变》（*Control and the evolution of possessive and existential constructions*）和《曼丁哥语：音位、语法、历史》（*Le mandinka: phonologie, grammaire, textes*）；2011年《茨瓦纳语的方位词及其在倒装结构中的地位》（*Tswana locatives and their status in the inversion construction*）；2010年《给与格应用态的迂说法的类型学研究》（*Benefactive applicative periphrases:*

A typological approach)；2009 年《核心论元标记和格术语的非常规模式》(*Uncommon patterns of core term marking and case terminology*)；2008 年《语言类型规律性的直接和间接解释：以配列变化为例》(*Direct and indirect explanations of typological regularities: The case of alignment variations*)；2008 年《非洲形态句法管窥》(*Africa as a morphosyntactic area*)。

出版的著作有：2016 年《巴兰特－冈亚语：音位、形态句法、词汇和历史》(*Le balant ganja: phonologie, morphosyntaxe, liste lexicale, textes*)、2006 年《普通句法学——语言类型学入门》、1994 年《非洲黑人语言语音结构概要》(*Aperçu sur les structures phonologiques des langues négro-africaines, 2ème édition entièrement revue et complétée*)、1991 年《非洲黑人语言描写与句法理论》(*Description des langues négro-africaines et théorie syntaxique*)、1977 年《巴乌雷语的语音及语法描写》(*Description phonologique et grammaticale d'un parler baoulé*) 等有关非洲语言及语言类型学研究的书籍。

饶敏博士：请问您的主要理论创新观点是什么？您认为自己对法国语言学的贡献有哪些？

克雷塞尔教授：对于语言描写和语言学理论之间的关系，我的观点与德雷耶（Dryer）和迪克森（Dixon）在他们的"基础语言学理论"里所论及的大体相似。我认为对语言更深入的整体认识，一定是建立在对语言多样性更好的认识的基础之上的。因此要扩大对语言多样性的了解，就更需要我们积累对那些鲜有文献记载或无记载的濒危语言的描写。这也就是最近二三十年来不仅语言类型学蓬勃发展，而且描写语言学也同时期爆发式发展的原因。

更多不为人知的语言被记录和描写，给从事描写语言的语言学家们提供了很好的借鉴和参考。当他们在描写一门新语言时，能够基于对已有语言的认识来有意识地思考对新语言的描写。在这样的基础上所做的新语言描写，才能更可信并为做语言类型学比较的语言学家提供更有效的参考和借鉴。自20世纪60年代起，描写语言学理论突然兴盛，但是其实这门学科走过了一个很长的积累过程。语言学家德雷耶和迪克森曾以“基础语言学理论”为名来探讨描写语言学的问题。在十多年前出版的《普通句法学——语言类型学入门》里（该书现在正在进行中文版的翻译），我也没有用“描写语言学”这个说法，但我用的方法正是描写语言学的方法。

此外，我也非常赞同类型学专家拉扎德（Lazard）和哈斯普马特（Haspelmath）的一些观点，比如形态句法的某些概念并非是通用的，主语或宾语的概念并不能适用到所有的语言上。我们在做语言比较研究时，更应该使用由语义来定义的术语，比如用施动者（agent）和受动者（patient）来代替常用的“主语”和“宾语”。鉴于人们经常把“类型学”和“功能主义”结合到一起，在此我也特别想阐明我的观点：不赞成这种做法，不赞同给语言类型学的规律变化随意贴上基于“功能”的解释。我认为解释语言类型学的变化规律应首先从历时的角度来考虑。比如，我们所观察到的配列系统的演变，通常就是语言语态表达的一个语法化演变的结果。

饶敏博士：在您看来，汉法语言对比研究应从何入手？尤其是在您的研究领域中，如何使汉法对比研究更加合理且有意义？

克雷塞尔教授：针对汉法（或其他任意两种语言的）比较方式这一问题，我认为应从两个角度出发：语言学本身的视角和语言教学的视角。

从语言教学视角来看，法语在中国被广泛教授，而在法国，汉语教学也正在逐步发展，对这两种语言的系统对比可以帮助我们理解两国学习者在语言学习中遇到的困难。从这个意义上来说，语言教师进行语言的对比研究毫无疑问是很有必要的。然而我本人并不是教学法专家，因此我不能确切地说出此类对比研究对于解释实际语言学习中的困难究竟有何效力，又有何局限。相反，通过与教学法研究者的讨论，我了解到这类对比研究比以往人们认为的要复杂得多，且对语言学习难点的解释以及学习方法的制定而言，语言的系统对比仅仅是研究者需要考虑的诸多因素之一。

饶敏博士：那么从语言学本体来说呢？

克雷塞尔教授：从基础语言学层面来看，语言对比是普通语言学的基础，但我们得考虑仅仅对两种语言的比较究竟有多大的科研价值。我认为如果两种语言的子系统基本没有共同点，那么对这两种语言的比较则难有较大价值；而当两种语言的子系统根本上具有相似性，只在细节上有所区别，对其进行比较才较有意义。例如，仅仅比较汉法两种语言中的量词系统的意义可能很有限，因为法语的（阴阳）性量词系统和汉语量词系统几乎完全不同，仅能反映这两种语言中有关量词的某些一般概念，要想从这一比较中获得关于量词这一范畴的类型学认识，我们只有将比较范围扩大并纳入其他尽可能多的语言。相反，比较汉语与其他东南亚语言（比如越南语或者泰语）的量词系统则毫无疑问是有研究价值的，因为东南亚语言中的量词系统有非常相似的组织原则。在这种情况下，详细研究这一系统在两种语言中的具体不同点才能极大地帮助我们理解两种语言在各方面呈现出的差异。在我看来，只有在这种情况下对于单独两种语言的比较才有超越纯教学目的的研究价值。

王鹏飞博士：在您看来，如何把语言学和计算机科学相结合？如何用计算机辅助语言学研究？

克雷塞尔教授：如今的许多语言学研究都涉及计算机科学，但我较难就这一议题展开深入讨论，因为在我个人开始从事语言学研究的时期，人们还未预见到计算机科学发展所带来的可能性。我对计算机技术的兴趣有限，因为我感兴趣的研究论题，计算机科学工具并非不可或缺。一般来说，大型信息化数据库（比如词库）和标注语料库具备自动检索功能，让从前难以实现的众多研究成为可能，这其中就包括类型学研究领域。尤其是自动检索语料库让类型学家们能发现某些研究的重要信息（例如某些语法形式在语篇中的实际使用），而这些信息在传统语法描写中无法（或仅能通过非常有限的方式）体现出来。但要真正达到这一目的，就需要建立此类语料库，其包含的语言类别要比现有情况多得多。此外，问题也不仅仅在于计算机技术方面，关键在于选取何种信息进行编码以及如何编码，这些问题不解决好的话，我们就可能浪费大量的时间和精力却建立了用处不大的自动检索语料库。现如今有许多团队正在对这一问题开展研究，毫无疑问这也是语言学未来的关键问题之一。我认为类型学研究想要充分利用计算机工具尚需时日。

王鹏飞博士：在您所处的研究领域中，您认为哪些主题是当今的研究热点？

克雷塞尔教授：在描写语言学领域，我认为目前最前沿的研究主题是尽可能完整并精确地描述研究文献记录较少的语言。问题的关键在于，绝大部分现在仍被使用的语言迟早都会受到威胁，如果不迅速采取行动的话，许多语言可能还没来得及被记录就消失了，从科学角度看，这是我们对于人类言语多样性认识的重大损失。此外，现在很多人都强调要记录所谓“濒危”语言，但在我看来，描写仍具有良好生命力的语言也同样迫在眉睫，虽然这些语言暂时不会消失，但在不久的将来它们的处境同样可能恶化。事实上，当描写一门已经丧失活力的语言时，我们永远无法确定我们的记录是否能够真正反映这门语言被其使用者作为交流工具时的原貌。

至于语言类型学领域，我认为最前沿的研究课题是历时类型学。历时类型学研究某些特定历时演变，这些演变导致语言中形态句法子系统的组织方式发生变化，共时类型学则对这些组织方式在世界语言中的分布进行描写。

饶敏博士、王鹏飞博士：非常感谢您牺牲宝贵的假期接受我们的采访，感谢您的宝贵见地！

第十篇

文本生成学与可视化研究前沿

受访者：克里斯多弗·勒布雷（芬兰图尔库大学）
采访者及译者：钟旻靖[①]（湘潭大学）

受访者简介

克里斯多弗·勒布雷（Christophe Leblay），法国应用语言学及文本生成学博士，法国“现代文本和手稿研究所”（ITEM）研究员，最新一代键盘记录分析及数据可视化工具 GenoGraphiX-Log 开发研究团队主创人员，现为芬兰图尔库大学语言与翻译研究学院副教授。先后主持、参与“手稿、语言学与认知研究”“文本生成学与语言学理论：本维尼斯特”“写作的多学科研究”“欧洲有效写作习得研究网络”“基于 Log 语料库的写作与翻译认知过程研究”“GenoGraphiX、GenoGraphiX-Log 开发研究”等项目。出版专著《写作的时间性：录制及呈现》（2014）、《专业与学术写作术语》（待出版）。主编期刊《写作教学与习得》（2010）、《实践》（第 173-4 期）、《专业写作》（2017）。

① 采访者及译者简介见第 16 页。

采 访 正 文

钟旻靖博士：克里斯多弗·勒布雷教授，您好！请问在您看来，法国语言学的过去、现在和未来是怎样的？

克里斯多弗·勒布雷教授（以下简称勒布雷教授）：根据我的个人经验和研究兴趣，法国语言学的“往昔”应分为以下几个时期：一是波尔·罗瓦雅尔语法的决定性时期（17 世纪中期）；二是语文学时期；三是结构主义时期。后两个时期将在后文中予以讨论。

在我看来，“当今”的法国语言学明确区分了基于语料库的方法和其他方法（所谓的“直觉”方法）。两种方法截然不同，基于语料库的方法与当代的数字世界直接相关，它使人们可以不断地实时获取数据。这种“及时性”是语言学中非常现代化的一面。

谈到法国语言学的“未来”，可以说计算机辅助语言学已占据决定性地位。针对大规模语料收集，以及分析和阐释大数据的方法而言，它的重要性可能会与日俱增。语言学和自然语言处理之间的融合正在不断增强。

钟旻靖博士：请问您的研究领域主要是什么？

勒布雷教授：我的研究领域是写作：写作教学和写作习得。自 20 世纪 90 年代末以来，我的工作重心是从文本生成学角度出发研究写作过程。具体涉及：收集文本创作过程中的修改痕迹；将这些痕迹相互联系起来，并与终稿相联系；将这些痕迹按文本的创作时间顺序排列。

钟旻靖博士：请问您个人代表性的学术著作有哪些？

勒布雷教授：我的代表作主要围绕计算机辅助语言学及写作主题，包括 2020 年与尤瑟夫（Usoof）以及卡柏罗西（Caporossi）合作的

《GenoGraphiX-Log 2.0 版用户指南》(*GenoGraphiX-Log version 2.0 user guide*)，2019 年与贝柯特（Bécotte）、卡柏罗西以及埃尔兹（Hertz）合作的《写作和改写：键盘记录数据的彩色可视化》(*Writing and rewriting: Keystroke logging's colored numerical visualization*)，2015 年与卡柏罗西合作的《论在线写作数据可视化的图形理论》(*A graph theory approach to online writing data visualizaion*）及 2014 年与多盖（Doquet）合作的《写作的时间性与文本生成学：朝向另一种元语言？》(*Temporalité de l'écriture et génétique textuelle: vers un autre métalangage*?）等。

钟旻靖博士：请问您选择了什么理论角度来进行您的研究工作？您对法语语言学做出了什么贡献？

勒布雷教授：我的方法论是文本生成学，它优先考虑对写作的内在现象进行描述，然后再关注终稿。文本生成学的关键概念（连续性、线性）得到革新并应用到新的领域：在单语（写作）和多语（翻译）背景下收集的数字文本初稿（屏幕、键盘、触控笔、鼠标）、异质文本初稿（多人协作、多题材）和专业文本初稿。

钟旻靖博士：能请您具体介绍一下文本生成学吗？

勒布雷教授：自 20 世纪 70 年代以来，在现代文本和手稿研究所（http://www.item.ens.fr）内开展的工作特点是和语文学保持距离：拒绝进行价值判断，拒绝在现有的不同文本版本中寻找最佳版本。语文学确实考虑到了时间流逝的概念，但它是从退化的角度出发的，认为手稿的质量会随着时间的流逝而遭到损失。这与文本生成学不同。在文本生成学领域，时间的流逝绝不意味着文本质量的损失，因为文本质量往往取决于同一文本不同版本的传承。语文学有一个非常怀旧的观念，即“较旧的版本”往往意味着“较好的版本”。而文本生成学拒绝这一观念，它提出“较新的版本”也可以是“较好的版本”。

同时，生成批评学也反对结构主义运动宣称的“封闭所产生的文本”。因此，在文本生成学领域，终稿（已完成的、已稳定的、已编辑的）和写作（未完成的、未稳定的和未编辑的）之间的对立很强。

文本生成学的第二个要点是“图形的数学理论”。它通过将写作过程可视化，在写作者和写作之间建立联系。图形的形状和颜色作为一种真正的元语言，使写作者在得到传统的规范性纠正前（如教师的修改），就能直接接触自己的写作。“图形”由圆形（称为“节点”或“顶点”）组成，圆形之间由线（称为“棱边”或“弧”）连接。蓝色代表删除，而黄色代表添加。红色代表没有修删的内容，这样就可以看到哪些内容在写作过程中得到保留，并成为最终文本；连接红色圆形的红色虚线强调了这种联系。圆形上的数字代表各个写作行为的发生顺序，圆形的大小则对应键盘活动的强度。

数据可视化表明，人眼处理图像比处理数字快 6 万倍。图像是吸收和处理信息的最佳方式，比数字表格更有效。因此，数据可视化有利于识别模式和趋势，呈现不同数据之间的相关性，更容易进行数据处理。

这是一个跨学科领域，是人文科学（文本生成学）和数学（图形理论）的结合。

我需要补充一点，在非法语区工作能让我从以下几方面进行对比研究：法语和芬兰语的对比、两种语言书写的对比（芬兰语几乎没有正字法）和两种不同教学文化的对比。

钟旻靖博士：感谢您对这一研究方法的详细介绍。您刚才提到了法语与芬兰语的对比研究，那么在您看来，汉法语言对比这一研究角度在您所在的领域是否具有可行性？您对此怎么看？

勒布雷教授：尽管我熟悉对比分析法，但我不懂汉语，所以没有机会进行汉法对比研究。不过，2021 年初，一位中国同事加入了我们的团队。不管是针对汉语母语者的书面法语教学，还是针对法语母语者的汉语写作教学，她的到来都为这两个领域的研究开辟了广阔的前景。这一双重视角涵盖写作研究和翻译研究。

钟旻靖博士：请问您认为这些前景具体包括哪些方面？

勒布雷教授：显然，通过接触汉语写作教学来探讨写作，可以从总体上提升对写作现象的理解。通过比较母语和外语写作教学文化的异同，有助于推进双语写作教学研究的发展。

钟旻靖博士：请问在您看来，如何将语言学与信息技术相结合？又如何在语言学领域使用信息化工具？

勒布雷教授：在我们的跨学科研究领域，我们将文本生成学和数学的图形理论与一个录制写作过程的软件（见 www.ggxlog.net）结合起来。这个软件与其他地理信息系统型软件不同，它不是使用坐标系统（x 轴和 y 轴）呈现数据，而是使用彩色图形呈现动态的写作过程。

钟旻靖博士：最后一个问题，请问您所在的研究领域中，什么是当下最受关注的研究主题？

勒布雷教授：首先，基于写作和翻译的数字语料库，最热门的主题可能是详尽地记录键盘活动，以便能够通过可视化形式来跟踪连续变换的写作过程，并统计可视化数据。

其次，使用基于数学图形理论的标准可视化形式，通过呈现写作过程和翻译过程的可视化模式及各自的特征，可以突出两者之间的密切联系。也可以通过可视化形式呈现某部作品、某种流派、某个时代、某位作家或某位语言学习者的写作特点和规律，抑或在非常不同的语言和文化背景下产生的作品的特点和规律。

换言之，如果计算机辅助语言学将焦点集中在以下三个方面，会有更好的发展：数据录制（涉及文本生成的空间和时间数据）专用的工具、数据的标注、数据的可视化。

最后，语言学家仍然有权利推动概念、方法和技术的发展，以便利用当代各类手稿所代表的巨大文化遗产，最重要的是将其在不同语言和文化之间分享。

钟旻靖博士：感谢您对文本生成学及可视化相关内容进行的讲解。

第十一篇

语言比较与语言类型学研究前沿

受访者：阿兰·勒马雷沙尔（索邦大学、法国高等研究实践学院）
采访者及译者：肖琳（巴黎高等师范学院）

受访者简介

阿兰·勒马雷沙尔（Alain Lemaréchal），语言学国家博士。曾于1990—1992年在法国大学教授语言学，1992—1999年成为斯特拉斯堡大学法语语言学副教授，同时1990—2000年任巴黎高等师范学院语言学讲师，1999年至今为索邦大学普通语言学教授及博士生导师，并于2007年至今任法国高等研究实践学院语言类型学博士生导师。作为硕士、博士研究生导师和荣休教授，他至今仍每周举办"类型学和抽象"研讨会（周四下午4点至6点在索邦大学）。他也曾任巴黎语言学会（Société de Linguistique de Paris）副秘书长（负责主持科研学术日，编辑大会纪要《巴黎语言学会论文集》第3-8卷），继而升任秘书长（2000—2017年负责《巴黎语言学会年鉴》的"学术论文"卷的编辑），以及"语言学系列"专栏负责人（审阅专著25部，第79-103卷）。曾任法国国家大学理事会（Conseil National des Universités）第七分科"语言科学"成员（1995—2009年）和主席（2003—2009年），以及全文科（第七至十四分科）主席（2008—2009年）。

采访者及译者简介

肖琳，索邦大学语言学博士，牛津大学访问学者。中国政府2018年国家优秀自费留学奖获得者，2018—2019年任北京语言大学法语系讲师。2019—2021年为法国社会科学高等研究院博士后研究员。2019年出版个人专著《汉语和句法象似性——顺序象似：从文本到动相》，并于2020年获法兰西学院"Jean-Charles Perrot"语言学奖；先后发表学术论文20余篇。2020年获法国Treilles基金会"青年学者"奖，2021年入选清华大学"水木学者"。2019—2021年任欧洲中国研究院项目官员，现就职于巴黎高等师范学院，开设课程有历史语言学与语言类型学、对比语言学。

采访正文

肖琳博士：在您看来，什么是法国语言学的过去、现在和未来？

阿兰·勒马雷沙尔教授（以下简称勒马雷沙尔教授）：就过去而言，首先应该记住，语言学在很长一段时间内基本上是以古典语言（拉丁语和古希腊语）语法和印欧语系比较语法为代名词。此时，有两位语言学家的名字浮现在我脑海中：安托乃·梅耶（Antoine Meillet），语法化概念的"发明者"，根据他的理论，这只是一种介于遗留和类比的边缘现象；更重要的是索绪尔，他是瑞士人，并且仅在法国有一个准大学教职生涯。德国新语法学派传统下的梅耶以及理论思想巨人索绪尔使印欧语系比较语言学和法国普通语言学都具有非常特殊的特征。直至目前，大部分法国语言学仍然是索绪尔式的结构主义语言学，乔姆斯基的生成语法理论在法国的接受程度或许因此不如其他地方。尽管法兰西学院派语言学风格已极具辨识度，法兰西学术传统仍能吸纳优秀的外来者，他们已然不是学术界之外的边缘语言学家，如达摩雷特（Jacques Damourette）、碧尚（Edouard Pichon）、纪尧姆以及特斯尼埃。法国国家科研中心（CNRS，Centre national de la recherche scientifique）一连创建了几个专门从事田野语言学研究的实验室，使得非洲、大洋洲和美洲印第安人语言研究得到飞跃式发展。拉丁语学家塞尔巴（Guy Serbat）在法国大学出版社（PUF，Presses Universitaires de France，法国国家科研中心的一个横向机构）创建的“新语言学”系列丛书，以及拉扎尔（Gilbert Lazard）创建的专门研究世界各种语言动词与名词的关系的RIVALC（Actances）期刊，都对法国语言学的发展起到了重要推动作用。从理论角度来看，我个人非常推崇莫里斯·格罗斯学派的法国词汇—语法理论，以及居里奥利的“表述语言学”理论。至于现在，我认为在法国和欧洲，语言学和其他人文科学由于职位紧缺，加之遭受英语帝国主义的不良影响——或多或少是由CNRS的管理举措乃至创新举措所致——它不仅是一种语言的帝国主义，也是思维方式的帝国主义，所以它让我们付出的代价很大。然而，未来总是准备在当下，一些最杰出的青年博士找到教研职位所需的时间往往消磨了他们部分的创造力和创新力。

肖琳博士：您的个人研究属于哪一领域？

勒马雷沙尔教授：我个人的法国大学教师资格（语法科目）的取得和伟大的印度学家路易 · 勒努（Louis Renou）的过早离世使我中断了曾设想过的梵语语言学之路。我从小便热衷于发现法语以外的语言（高中开始钻研拉丁语和古希腊语），这些偶然的相遇使我意识到研究与欧洲语言相去甚远的语言的非凡价值。然后，我构思了一个计划，对语言进行某种“环球旅行”，不是去实地考察，而是尽可能多地阅读语法。从那时起，我就明确了我的研究方向：基于语言多样性的语言学，或者说类型学，一种“偏离中心”的普通语言学，它将从欧洲语以外的语言开始，而不是从代表语法和语言学来源的印欧语系语言开始。正如我的第一项研究“帕劳国之谜：走向殖民主义语言学的终点？”（内容大部分源于我的国家博士论文），像这个稚嫩又略带挑衅意味的标题一样，反对语言描写和语言理论的民族中心主义一直是我科研工作的出发点。

肖琳博士：您发表过哪些有代表性的学术著作？

勒马雷沙尔教授：我写过 6 本书：（1）1979 年，未发表的《帕劳国之谜：走向殖民主义语言学的终点？》（*Énigmes à Palau. Vers la fin de la linguistique coloniale ?*）；（2）1989 年，《论词类：语义和句法》（*Les parties du discours. Sémantique et syntaxe*）；（3）1991 年，《帕劳语的语义和句法问题》（*Problèmes de sémantique et de syntaxe en palau*）；（4）1998 年，《*f* (*x*, ...) 形态学研究》[*Études de morphologie en f (x, ...)*]；（5）1997 年，《零（复数）》[*Zéro(s)*]；（6）2010 年，《比较语法和类型学：南岛语言历史语法论文集》（*Comparative grammar and typology: Essays on Historical Grammar of the Austronesian Languages*）。还有一部在准备中：《基于语言多样性的语言学：反对语言描写和语言理论的民族中心主义》（*Pour une linguistique de la diversité des langues. Lutter contre l'ethnocentrisme des descriptions et des théories*）（拟定题目）。

我近年来重要的个人学术论文有：2012 年，《语言多样性，语言类型学和抽象理论》（*Diversité des langues, typologies linguistique et abstraction*）；2014 年，《宾语从句的语言类型学：置身于民族中心主义和抽象理论的语言多样性》（*Typologie de la complémentation : la linguistique de la diversité des langues prises entre ethnocentrisme et abstraction*）；2015 年，《假设条件句体系：并列小句以及假设系统的标记符号——句法上孤立语的妙用》（*Systèmes protase-apodose hypothétiques : parataxe et marques segmentales susceptibles d'être associées aux systèmes hypothétiques. Du bon usage des langues isolantes en syntaxe*）。

近年来合作完成的重要论文有：2017 年与肖琳合写的《孤立语的语法化问题：以当代汉语语法化动词"拿、把、被、让、叫、给、得"为例》[*Que faut-il entendre par 'grammaticalisation' dans les langues isolantes ? Le cas de na, ba, bei, rang ou jiao, gei et-de3 ('potentiel') en chinois mandarin contemporain : des verbes 'grammaticalisés' qui fonctionnent encore comme des verbes*]；2018

年与肖琳合写了《普通语言学和语言类型学：屈折语、黏着语、孤立语的使役结构——以法语、拉丁语、梵语、卢旺达语、他加禄语、汉语为例》[*Le causatif-factitif dans les langues isolantes, agglutinantes et flexionnelles-fusionnelles (chinois, kinyarwanda, tagalog, latin, sanskrit, etc.). Points de vue général et typologique*]；2020 年与肖琳合写了《也说汉语“都”》(*Chinois* “*dou*”)。

肖琳博士：您属于哪一语言研究派别？有哪些研究贡献？

勒马雷沙尔教授：我在斯特拉斯堡大学的头两年是法语语言学教授，在我受聘初始就深知自己会很快转向普通语言学方向的研究，我所教课程（除逻辑和论证课程外，那是我与学生们一起学习）的第一要义是向学生介绍语言的多样性，法语语言学曾是我短暂的关注中心。

我一直认为，因发掘“异域”语言而积累的语言分析思辨能够对法语语言学有所启发——事实上也确实有所启发。故而所谓“超谓语”或“多谓语”（multiprédicatives）语言（在这些语言中，动词以外的其他言语部分可以直接行使句法谓语的功能，而没有副词或其他配合元素）拓展了大众对普通名词性质的认识：普通名词实际是“一个拥有开放对象类别的包含谓语”，而所谓的“名词短语”则指实体，因此并不拥有多少特殊的名词性。洞悉冠词、量化和限定的功能机制能更好地解释其各自语法规则。通过这种方式，我们明白了逻辑学家的立场和分析哲学的直觉。我认为，基于语言多样性的语言学的作用之一也是揭示法语、英语等欧洲语言的现象和特点，否则这些现象和特点将不被关注。

肖琳博士：在您看来，汉法对比研究应从何入手？尤其是在您的研究领域中，如何使汉法对比研究更加合理且有意义？

勒马雷沙尔教授：对比语言学在类型学家或普通语言学家看来，可能是一种苍白无力的类型学和普通语言学的替代品，一种几乎能涉及所有语言的语言学。除了后一项无法实现之外，教授们培养和指导学生所用到的对比语言学，首先能够满足（在法）外国学生的需要，即用法语教授他们语言学知识，同时不放弃对学习者各自母语的研究。这使得我有机会从事土耳其语、泰语、柏柏尔语等语言研究。如果说近十年，中文在我的研究中占据了重要地位，那是因为大约十年前，一批中国学生来到了索邦大学，他们非常出色，训练有素，工作能力和思考深度都很突出。因此，对于推崇语言多样性的语言学家来说，能够与未来的语言学家密切合作是天大的好事。出色的学生无需将研究领域局限于对比法语和他们的母语。相反地，应该对尽可能多的语言进行全景观察，要做到这一点，他们通常要阅读大量的语法参考书。在对比研究的框架下，学生虽然少有选择的余地，但做选择的人仍然是学生。我从来不认为这是缺点，相反非常契合我本人对“语言环球旅行”构想的初衷。在法国，对比语言学很大程度上受制于教学地点的语言以及学生阅读经验中所接触到的不同语言学流派及思想，当然也有与语言思想邂逅的喜悦和惊奇发现。

中文和法语的对比方法具有很特殊的可及性和重要性，因为这两种语言代表了两种极其不同，甚至是截然相反的语言类型。黏着语拥有丰富而基本透明的形态学，普通语言学家常常能够清晰辨别那些在其他类型语言中表现为非透明、能见度低的语言现象。相比之下，法语这样的罗曼语属于屈折语类型，它的形态面貌像是个综合了各式形态的大杂烩。在异质性和不透明性方面，汉语类的孤立语提醒我们，人类语言几乎完全可以不使用任何分段标记（marque segmentale）、非分段标记（marque non-segmentale），如词序、语调、词汇以及整体语境就足够用了。中文的介词（和其他关系标记）是或多或少经历了语法化的动词，这让我们看到，在任何语言体系中，如此的标记实际上都应被视为拥有论元的谓词，就像谓词表达式 f (x, y) 中的论元 x 和论元 y。所考量的语言的多样性越是增加，抽象化的理论研究就越是呼之欲出。

肖琳博士： 在哪一领域进行汉法对比研究比较合理？

勒马雷沙尔教授： 大家可以猜到我的答案：在句法和语法的所有领域，对比语言学都是合理而必要的。专门研究单一语言的语言学家无法想象语言的多样性能走多远，也无法想象语言多样性能多大程度地刻画语言的人文性。

肖琳博士： 在您看来，如何把语言学和计算机科学相结合？如何用计算机辅助语言学研究？

勒马雷沙尔教授： 鉴于这一领域并非我的专长，我在此将集中讨论计算机科学所提供的工具及其应用。计算语言学以标记和注释语料库的方式提供了前所未有的语言学工具。濒危语言的消失速度远远超过我们能够描述甚至记录它们的速度，哪怕只是记录它们的一手语料，因此计算机科学所提供的现代工具在抢救濒危语言方面往往发挥了重要作用。

在此先不谈濒危语消失所带来的文化和身份问题，我们只想指出，随着濒危语的消亡，语言学的研究对象是我们对语言进行反思的基础，即通过自然语言对人类语言所进行的认识将被截断。

诚然，这些工具有其局限性和危险性。对语料库进行标记的前提是要引入共同描述实体。术语乃至术语缩写以及其所在框架，很大程度上提前将语言分析格式化，并构成民族中心主义的苗头，甚至是理论霸权主义。这有可能阻碍语言学研究的进步，更不用说求助于计算机科学可能成为这种权威的论证。

然则，收集的数据首先必须是正确的。WALS（*The World Atlas of Language Structures*,《世界语言结构图册》，1991 年版）印刷版对被动句的处理方式就是一个典型反例。书中说班图语（bantu）属于只有一个被动标记的语言，而对班图语族任何一支语言（例如斯瓦希里语）稍有了解的人便知道班图语族以被动标记众多著称。WALS 所犯的这种重大偏误在于，如果在专门介绍班图语言的索引中进行搜索，一般来说，确实只能找到一种被动标记形式，而其他同属被动的标记则要在其他索引名类下进行搜索！这就是所谓的“被动”。还有一个例子：最近有人提出由一个计算模型解释 VSO 或 VOS 语序的罕见性，以此来印证格林伯格（J. Greenberg）最初著作中的预言，试问这样的研究又有什么意义呢？我们今天知道存在 VSO 或 VOS 语序的语言其实不在少数，大多数南岛语言（langues austronésiennes）就是例子。

此外，一些语言学家对统计数字的使用方式可能会给人一种印象，即普通语言学研究更重视大概率语言现象而非小概率语言现象。这是一种错觉，其中存在非常大的问题。造成一种语言现象为小概率事件可能有以下两个原因：要么是因为它是由本身不可能的现象累积而成的；要么只是由于历史的偶然，它被证实了不存在于今天世界上 6900 种左右的任何一种语言中。这 6900 种左右的语言，毕竟只是在动荡变化中幸存下来的语言，而这些变化的动因系外部语言学（linguistique externe）因素。又如，澳大利亚的一种语言——Kayardild 呈现出一种“过度格变”（surdéclinaison）现象，就目前来看，这种语言现象在世界语言中是独一无二的：一个名词最多可以连续获得四个格标记（marque de cas），它们分属不同句法结构层次。Kayardild 语言中“过度格变”现象可能有以下两种解释。一方面，“过度格变”现象是罕见现象积累的结果。但下面第二种解释或许更具说服力。另一方面，让我们假设，从语言遗传学的角度看，Kayardild 处于与原始印欧语相当的位置，即处在一个丰富的语言家族的源头位置。我们能确定源头语言在扩展裂变出新语言后会失去其原有“过度格变”的非凡特征吗？那么只需对比一下，从原始印欧语到现代印欧语的过渡中产生了多少不必要的复杂情况，答案便可知晓。

肖琳博士：在您的研究领域中，最前沿的研究主题是什么？

勒马雷沙尔教授：在基于语言多样性的类型学和语言学领域，目前有一个主题正在获得巨大成功：有关语法化现象的研究。中文以及包括法语在内的罗曼语系为语法化研究提供了理想的试验田。罗曼语的形态更新远远不能仅用语音系统演变和类比作用来解释；汉语和汉字语言也没有停止内部语法标记系统的更新，其手段是通过词汇逐渐获得其他类型语族语法标记的特征。以一种当前非常流行的做法，一只仿佛可以引导一切语言前进的某个神明的手指引着，朝着一个理想前进，而这个理想正是想让汉语也拥有介词、补语、助动词或被动类准助动词等。当然，这一切要以印欧语系语言的处理方式为参照。毋庸置疑，反对语言描述和语言理论民族中心主义的斗争仍在继续，每个语言都可以有自己的术语，不过是建立在可沟通基础之上的。

肖琳博士： 谢谢您对中国年轻学者的培养和提携，也谢谢您对汉语类型学所做的相关研究。

第二部分

北京语言大学高端引智项目系列讲座

第十二篇

文本语料库的量性分析：使用领域、问题及手段

讲座时间：2021 年 10 月 28 日
主讲人：安德烈 · 萨莱姆（巴黎第三大学）
译者：宁婧思 （中南大学）

主讲人简介

安德烈 · 萨莱姆（André Salem），1946 年 12 月出生于阿尔及利亚瓦赫兰市。1970 年获国立莫斯科大学数学硕士学位，1979 年获巴黎第六大学数学博士学位，1993 年获语言学国家博士学位，现为巴黎第三大学语言学教授、博士生导师，“语言、陈述与话语系统”（SYLED）实验室负责人，主要关注语篇词量学与文本自动化处理等方面的研究。发表学术著作与学术论文数十余项，主要包括《文本统计学》《语料库语言学》《文本数据分析》《篇量学研究》等；参与研发了文本分析软件 Lexico（1-5）。

译者简介

宁婧思，北京语言大学法语系博士，现任教于中南大学外国语学院法语系。研究方向为篇章语言学、汉法语言对比。

讲座正文

大家晚上好，非常荣幸能够参加北京语言大学“自然语言处理与语言学、教学法”系列讲座[①]，并作为第一场讲座的主讲人与大家分享我的一些研究，请允许我在此诚挚感谢主办方北京语言大学、法语系王秀丽教授与郭玉媛博士、给予本次讲座宝贵支持的各部门，以及参与今晚讲座的各位听众。

今天我将跟大家谈谈文本语料的量性研究，但首先我想对本人的学术背景做一个简短的介绍，以便大家对我接下来要讲述的内容有更好的了解。我叫安德烈·萨莱姆，是巴黎第三大学（新索邦大学）语言学方向的教授，但我的学术道路始于数学、概率学和统计学，后来才是对文本的统计学研究。在执教期间，我指导过一些博士学位论文，包括一些中国博士生，我注意到有几位也参与了今晚的讲座。就掌握语言方面来说，我能讲法语、西班牙语、俄语及英语，很遗憾的是我不会说汉语，但我曾经出于研究目的简单了解过20来种语言，这其中包括汉语。我知道在座的各位大多从事法语语言学的研究，但不一定是从统计与量性分析的角度开展的语言学研究，所以接下来我将尽力讲慢一点，但是如果你们觉得我讲得太快或不够清楚，请随时告诉我。

本次讲座的主题为“文本语料库的量性分析：使用领域、问题及手段”，我将以一个工会主题文本的例子，对文本量性分析的基本内容及相关研究方法进行解释，之后再过渡到使用领域、信息化手段、统计方法以及简单的软件使用。

先来看工会主题文本这个例子。首先我们要知道，不同的人对其语言有不同的看法，某些看法甚至很有意思。16世纪至17世纪的一位语法学家沃日拉（Claude Favre de Vaugelas）就曾经说过：“语法规则是宫廷讲话方式中最正确的那部分，并且以作家写作方式中最正确的那部分为据。”在他看来，语法规则以宫廷中的语言用法为准，国王周围

① 指北京语言大学高端引智项目系列讲座。除本书所译讲座讲稿外，其余相关资料包括演示文稿、Lexico软件、软件使用指导书、相关文章等均可于以下网址下载：lexi-co.com/blcu/index.html。——译者注

的人说的语言是正确的，比其他人更好。接下来这种说法大家或许听说过：法国人经常说，如果一个人说得不清楚，那是因为他没有想清楚。我不确定这种说法是否正确，但很多法国人这么认为。法国诗人布瓦洛（Nicolas Boileau-Despréaux）就表达过类似的观点，"构思清楚，表达就清楚，讲起来也更自如"，也就是说，如果你不能清晰表述，那就不要说，因为你还没有考虑清楚。法语中还有一些有趣的例子，比如"monter en haut"（向上攀登），这个表达在标准法语中是错误的，因为"monter"（攀登、上升）一词本身就表达了"向上"的含义，后面的副词词组"en haut"（向上）显然是多余的。但在通俗法语以及与法语非常相似的西班牙语和意大利语中，这样的表达却是可以的，完全没有问题。法语中的类似例子足以证明法国人对其语言是非常严谨的。另外一个例子：2007 年总统候选人罗雅尔（Ségolène Royal）将要参观中国长城，在采访中她想引用中国俗语"不到长城非好汉"，但是说成了"Qui va sur la Grande Muraille conquiert la bravitude"①，记者们将这句话原文引用并传为笑谈，因为"bravitude"一词在法语中并不存在，正确的语言形式应该是"bravoure"。其实大家都明白她想表达的意思，即"拥有勇敢的品质"，但就是由于这一语言使用错误，总统候选人沦为了大众的笑柄。你瞧，法国人对法语的态度就是这样。

上述例子不难看出法国人对语言精确度的强烈要求。也就是在这样的背景下，我们对 1970—1990 年之间的工会文本进行了研究，主要关注其中"travailleurs"（劳动者）和"salariés"（工薪者）这两个词的使用。为什么选择这两个词呢？因为"劳动者"一词有丰富的历史传统和词义外延，在历史上与工会运动、阶级斗争等概念紧密相连，"劳动者"是那些跟我们一起对抗雇主的人。而我们发现在最近的工会决议中，人们更多地使用"工薪者"一词，"工薪者"没有上述革命与对抗的背景，只是一个法律术语，指的仅是"为某一雇主工作并领取薪水的人"。

我们搜集的研究语料来源包括两部分：第一部分为改良派工会

① 说话人使用的"bravitude"一词为错误形式。法语中常见形容词加名词后缀"-itude"构成名词的构词法，如 cert-itude、exact-itude 等；说话人此处在形容词"brave"后加"-itude"构成名词"bravitude"，但正确形式应该为下文中的"bravoure"。——译者注

法国工人民主联盟（简称法国工联，CFDT，Confédération française démocratique du travail），第二部分为革命派工会法国总工会（CGT，Confédération générale du travail）。我们比较了两个工会的文件中如何使用“劳动者”和“工薪者”这两个词，首先可以清楚地看到法国工联对“劳动者”一词的使用逐渐减少，以往的工会讲话通常以“女性劳动者们、男性劳动者们”（travailleuses，travailleurs）开头，现在则更常用“工薪者们”。有趣的是我们对法国总工会的文本进行同样的检索，发现结果一样：“劳动者”一词使用减少，“工薪者”一词使用增多，在两类工会文件中的区别仅在于增多或减少的比例不同，表现出的倾向是完全一致的。此外，在语料中我们发现在一些词组中发生替换的频率很高，比如：“tous les travailleurs”（所有的劳动者）替换成了“tous les salariés”（所有的工薪者），“pour les travailleurs”（对于劳动者来说）替换成了“pour les salariés”（对于工薪者来说）等，我把这些称为“常规替换”。但在其他一些情况下不能替换，比如在工会运动中很重要的一个群体“移民劳动者”（travailleurs immigrés），在法国有许多来自非洲、亚洲等地的劳动者，被称为“移民劳动者”，在这种表述中不能替换成“移民工薪者”（salariés immigrés）。这是为什么呢？因为目前法国的极右派常说“两百万的失业人口，是因为两百万多余的移民人口”，在这种背景下工会需要注意避免使用“移民工薪者”这个词，因为这个词说明了这些移民能够获得薪水，而还有很多本地失业人口却没有薪水。如果你关注法国的现状，你就知道现在“移民”这个词与“工人”“移民家庭”“失业”等概念紧密相关，有部分歧视的意味。

上述词组对比是我们开展文本计量研究的方法之一，如果我们继续深入文本，就会发现有一些固定组合总是反复出现，比如“la défense des intérêts matériels et moraux des travailleurs”（保护劳动者物质与精神利益）、“la propriété sociale des moyens de production et d’échange”（生产方式、交换方式的社会属性）等，这些固定语段不是词语的简单并置，它们就是固定表达，人们只能这么说。此外，计算机辅助手段也能让我们对文本展开更加细致的分析：1978 年的一份决议文件几乎完全复制了 1975 年的版本，这点很常见，因为此类文件一旦通过就很少变动。但是计算机检索让我们发现了其中唯一的改变：1975 年为“本文草案构成 CGT 组织的基础（la base）”，而 1978 年同样的段落将定冠词改为了不定冠词“本文草案构成 CGT 组织的基础之一（une base）”。这一改变非常重要：因为定冠词的使用表明仅存在这一基础，如果不同意这唯一基础，就不存在继续对话的可能；而不定冠词表明还有其他基础存在的可能，如果不同意这一基础，还可以再进行协商。仅仅一个语法工具定冠词与不定冠词的替换却能对文本含义产生如此巨大的影响，在我们看来，此类问题十分有趣。

我们接下来简单谈谈文本语料量性分析的使用领域，我将通过一系列例子进行说明。1937 年汉利（Miles Lawrence Hanley）对乔伊斯（James Joyce）的作品《尤利西斯》进行了词频统计以证明齐普夫定律；在法国一直存在莫里哀作品是否由他人完成的论战，语料计量可以在这方面提供帮助；1982 年人们将文本量性分析应用于社会经济学研究，调查影响二孩生育意愿的因素；2012 年开展了关于非洲某村庄生活条件的文本量性社会学分析；2015 年有学者收集了古巴卡斯特罗（Fidel Castro）1959—2008 年的讲话稿，用文本量性分析的方法进行了话语分析研究。此外，还可以使用文本量性分析的方法开展文学、翻译学、历史学等不同领域的研究。

现在来看看研究方法。首先我们来看一些存在不足的方法，比如词云（nuages de mots）。词云软件可以生成好看的图表，但我们认为其作用不大，有时候甚至会给出误导性的信息。图 1 的词云图是我以《圣经》为文本生成的。

图 1 《圣经》文本关键词词云图

我们从图 1 可以看到 “God”（上帝）、“darkness”（黑暗）、“sky”（天空）等词语使用频率很高，但我们很难根据这些词语重建文本内容，其他类似的方法也有类似问题，难以反映词汇真实的搭配使用情况。我们接下来看看比较好的研究方法。首先在传统研究中我们对研究对象进行直接分析并给出评论，中间没有经过信息化过程，而信息化的分析开展方式如下：在研究对象中提取数据，对数据进行编码，建立编码语料，对语料进行信息化处理后得到结果，对结果进行阐释并形成评论。

使用恰当的计算机辅助手段可以让我们很快掌握某个词语在文本中的词频、分布、搭配等信息。但有一些内容不能通过计算机取得，比如在《爱丽丝漫游奇境》一书中，我们利用计算机可以很容易地掌握专有名词 “Alice” 出现的次数及其分布（见图 2），但书中采用了十余种表达表示 “处死” 这一概念，比如 “jouer à la boule”[①] “faire jouer à la main chaude”[②] 等，计算机几乎无法一一识别这些表达。与此同时，有一些处理只能通过计算机辅助实现，比如当语料过大时，难以实现人工检索。

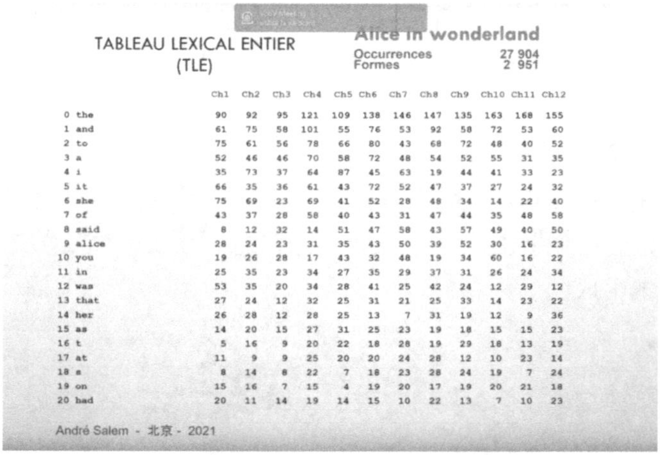
TABLEAU LEXICAL ENTIER
(TLE)

Alice in wonderland
Occurrences 27 904
Formes 2 951

	Ch1	Ch2	Ch3	Ch4	Ch5	Ch6	Ch7	Ch8	Ch9	Ch10	Ch11	Ch12
0 the	90	92	95	121	109	138	146	147	135	163	168	155
1 and	61	75	58	101	55	76	53	92	58	72	53	60
2 to	75	61	56	78	66	80	43	68	72	48	40	52
3 a	52	46	46	70	58	72	48	54	52	55	31	35
4 i	35	73	37	64	87	45	63	19	44	41	33	23
5 it	66	35	36	61	43	72	52	47	37	27	24	32
6 she	75	69	23	69	41	52	28	48	34	14	22	40
7 of	43	37	28	58	40	43	31	47	44	35	48	58
8 said	8	12	32	14	51	47	58	43	57	49	40	50
9 alice	28	24	23	31	35	43	50	39	52	30	16	23
10 you	19	26	28	17	43	32	48	19	34	60	16	22
11 in	25	35	23	34	27	35	29	37	31	26	24	34
12 was	53	35	20	34	28	41	25	42	24	12	29	12
13 that	27	24	12	32	25	31	21	25	33	14	23	22
14 her	26	28	12	28	25	13	7	31	19	12	9	36
15 as	14	20	15	27	31	25	23	19	18	15	15	23
16 t	5	16	9	20	22	18	28	19	29	18	13	19
17 at	11	9	9	25	20	20	24	28	12	10	23	14
18 s	8	14	8	22	7	18	23	28	24	19	7	24
19 on	15	16	7	15	4	19	20	17	19	20	21	18
20 had	20	11	14	19	14	15	10	22	13	7	10	23

André Salem - 北京 - 2021

图 2 《爱丽丝漫游奇境》高频词分布

我们接下来看看语料切词的问题。语料切词可以有多种不同的方法，这取决于研究目标。比如我们要知道一个文本是用西班牙语、法语还是德语写成的，就可以进行 N-gramme 配对统计，只要统计出 3 个

① “boule” 一词的本义为 “球，球状物”，该短语字面意思为 “打球”。——译者注
② 该短语字面意思为 “让他人用热手玩”。——译者注

字母的组合就可以马上知道。我们也可以对同根词进行统计，比如可以统计文本中“liberté”（名词“自由”）、“libre”（形容词“自由的”）、“libérer”（动词“使自由”）这样的同根词；或者对同一个词的单复数不同形式进行统计，比如法国右派政党常用单数形式的“liberté”，而左派政党则更常用复数形式的“libertés”。对某一词形进行统计，比如仅仅是检索“liberté”这一种形式；对某一固定语段或者搭配进行统计，比如“liberté de la presse”（新闻自由）。不同语言的区分方法也是不一样的，在俄语中名词末尾可能出现属格，改变词的拼写形式；在德语中有许多复合词，比如“Bildung”（形状、文化、教育）这个词可以构成“Hochschulbildung”（高等教育）、“Gesichtsbildung”（脸型）、“Herzensbildung”（崇高心灵）等不同的复合词。而同样表达“把这个给我”，法语使用两个半词（donne-le-moi），英语使用四个词（give it to me），而意大利语（dammelo）和西班牙语（dámelo）却只有一个词。“词”（mot）的概念十分复杂，我这里说的不是语言学意义上的词，而是为了简化交流通俗意义上的词。现在有一些软件可以对中文文本进行分词，但结果仍然需要人工核对。

我将用关于文本量性分析最不准确的五个观点来对这一部分内容做个总结，这五个观点是：

- 文本量性分析只是帮我们确认那些通过人工深入阅读得到的发现；
- 在进行量性统计之前必须对文本进行处理；
- 基础的统计学工具（百分比、平均数等）适用于所有情况；
- 词的意义在词典中；
- 一些词有意义，另一些则没有。

接下来我将简短地谈谈统计方法的相关内容。统计学是对某一现象进行数据收集、分析、处理以及结果阐释和呈现，从而使得数据能被理解的学科。统计既是学科、方法又是一系列技术的总和。我用一个简单的例子来说明，比如超市，一般来说超市不太喜欢数据分析，他们习惯于了解整体数据：货物存量还有多少？销售额是多少？价格是多少？……直到某一天人们对购物小票进行统计分析，他们发现了一个有趣的现象：当顾客买啤酒和小蛋糕时，他们也会买婴儿纸尿裤。这一组合虽然奇怪，但在统计结果上非常显著。超市针对这一结果展开调查，发现发生这种购物组合的当晚经常有重要的足球比赛。这里的结果并不是针对某一对夫妇展开调查得到的，而是成千上万的统计结果显示事实确是如此。

我们接下来看看稍微复杂一点的统计，比如上文提到过的《爱丽丝漫游奇境》。我们统计了 20 个词在每一章出现的次数，之后对其进行观察，看看是否有一些词在某处出现更多，其他地方出现更少，这是我们说的统计局部方法（approche locale）。此外，我们也能看其中某一列（词）是否跟另外的共同出现，这就是整体方法（approche globale）。这是以《爱丽丝漫游奇境》节选进行的一项文本量性分析实例：文本中每当出现专有名词“Alice”，我们用红色点标记，出现其他词则用蓝色点标记。之后我们随机抽取 10 个标记点，得到 2 个红色标记点、8 个蓝色标记点。由此可以得出哪些发现呢？如上所述，我们已知文本大小 T，j 部分的大小 tj，i 形式的频数 Fi，可以算出 i 形式在 j 部分出现的频率 kij，将出现频率与极限值进行比较，就能对语段的分布进行描述。比如《爱丽丝漫游奇境》第一章中，出现最多的语段是“she”（英语第三人称阴性单数代词）、“was”（英语系动词“be”的一般过去时）、“it”（英语指代物的第三人称单数代词）等；出现最少的是“the”（英语定冠词）、“s”（英语表示复数的词缀）等。通过在全书中检索“Alice”一词的分布，我们发现该词在第七章和第九章使用得非常多，在第十一章使用得非常少。

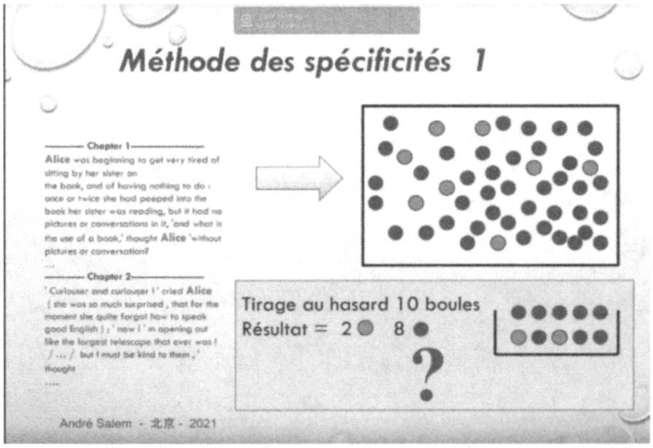

图 3 《爱丽丝漫游奇境》量性分析示例[①]

① 该图中浅色点标记为红色，深色点标记为蓝色。

最后给大家介绍一款软件“Lexico 5”，是由塞德里克·拉马尔（Cédric Lamalle）、威廉·马丁内兹（William Martinez）、塞尔日·夫勒里（Serge Fleury）和我本人共同开发的，软件提供包括中文在内的多语种操作界面。我将展示如何使用该软件进行文本处理及量性分析：首先点击界面的“选择文件”（Sélectionner un fichier）上传需要分析的文本，然后点击下面的“确定编码”（Valider l’encodage），之后确定分隔符（délimiteurs），分隔符就是每次文本中出现这个字符，就将词切分开来。所有信息设置完成后，软件就能对类符分隔（délimiteurs de forme）、总字数（nombre d’items）、形符数（nombre d’occurrences）、类符数（nombre de formes）、只出现一次的类符数（nombre d’hapax）等信息进行统计。此外，还可以对某一词或几个词进行索引，察看其在文本中的分布情况，我们也能对文本中的一些部分进行更深入的分析，或者检索重复出现的语段。对所得结果的分析解释需要许多背景知识，比如在一份 1793 年的文本中，“qui sifflent la linotte”[①] 这一表达方式出现了很多次，我一开始不理解这个短语的意思，通过咨询相关专家我才了解到在当时这个短语表达的是“在牢房中被关押”，就好像小鸟在笼子里一样。简单来说我们的工作就是这样：首先对文本进行量性处理及数据分析，使得语言使用的某些方面凸显出来，再结合相关知识对这些语言使用的特点进行解读与阐释。

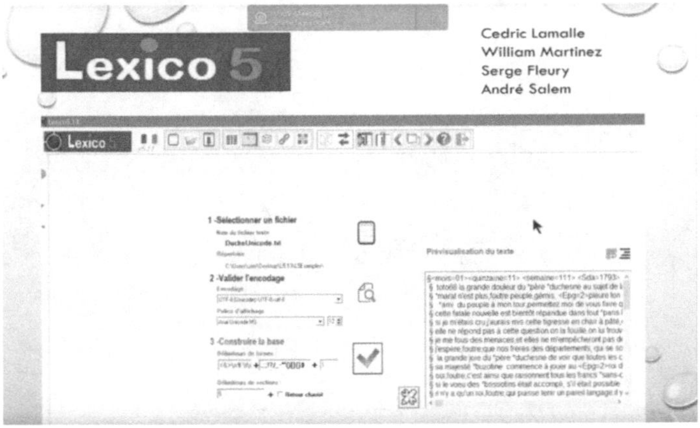

图 4　文本量性分析工具 Lexico 5 操作展示

① 该短语的字面意思为“吹哨呼唤朱顶雀”。——译者注

我今天的讲座内容主要就是这些，在此给对文本量性研究有兴趣的听众们提供一些可能有用的线上资源：上文提到的 Lexico 5 软件可以在网站 www.lexi-co.com 下载使用，www.tal.univ-paris3.fr/as/sp3 提供了软件使用指南及教程，还收集了大量文本量性研究的文章供相关学者参考。最后请允许我再一次感谢本次讲座主办方北京语言大学的邀请以及各位听众的参与，谢谢大家！

第十三篇

语料库语言学的开发方法（上）：以具体语料为例

讲座时间：2021 年 11 月 11 日
主讲人：阿涅斯·图廷（格勒诺布尔－阿尔卑斯大学）
译者：崔校华 （北京语言大学）

主讲人简介

阿涅斯·图廷（Agnès Tutin），1993 年获蒙特利尔大学哲学博士（语言学方向），1993—1994 年担任法国国家电信研究中心工程师，先后任教于里尔第三大学、格勒诺布尔第三大学等高校，现任格勒诺布尔－阿尔卑斯大学语言学教授、博士生导师，同时任“语言学及语言教学法”实验室（LIDILEM）常驻研究员，语料库、语言及互动联盟（Consortium CORLI）指导委员会成员。在语义学、语料库语言学、短语研究以及语言自动处理等研究领域均有建树，负责法国国家科研署科研项目 12 项，独立或参与撰写发表论文 130 余篇，其中包括《固定及非固定搭配：搭配现象类型学概要》等期刊文章近 40 篇，会议报告 42 篇。出版《词汇学手册的预制句：意义、功能与用法》等专著 2 部。

译者简介

崔校华，北京语言大学法语系 2021 级硕士研究生，研究方向为法语语言学、篇章分析。

讲座正文

我的同事安德烈·萨莱姆侧重于数据和词汇计量，我讲述的内容则偏向计算语言学。

本次讲座以入门、介绍为主，主要为大家介绍语料库语言学，展现其所用手段的优点。其次，本次讲座也将介绍有关语料库搭建的基本概念，包括像"当我们构建语料库时，应该做什么，应该注意什么，应该指明哪类信息"等问题。紧接着，我将从计算语言学角度为大家讲述语料库语言学研究语料的几大基本功能。在研究语料方面，我的同事奥利维埃·克莱夫（Olivier Kraif）会向大家呈现一些计算机信息科学方面的知识；而我将从语言学角度出发，探讨语言学能从这些工具以及语料库处理中获得怎样的益处。同时我们也将呈现一些实操内容，其中包括 2 个简要的例子，这里我试着不去讲太过复杂的内容。另外还有 2 个关于语料库语言学应用于两种不同语料的具体案例：一个是互动口语语料库，即 CLAPI（Corpus de langues parlées en interaction）；另一个是在法语口语中，有的否定常常不是双副词成分否定，我们将使用语料库探讨法语口语中的这一现象。接下来，我们将对科学书面语篇中的词汇进行研究，挖掘该类语料独特的应用价值；还将探讨语料处理系统（如 ScienQuest）如何能轻松地从科学语篇中的科学词汇中提取相关信息。以上就是今天讲座的大纲。

在第一部分，即语料库语言学的引入中，可能存在部分内容的重述，这些内容大家之前已经了解过。我们进行以下几点的讲解：首先是明确"语料库"这一概念的定义；其次，探讨语料库语言学所带来的利益，其用途和优点分别是什么？同时，也会对语料库语言学中存在的一些问题进行探讨，因为语料库语言学不仅仅只有优点，也存在某些难题。

那么，什么是语料库呢？我们先看看《法语宝典》(*Trésor de la Langue Française*）所下的经典定义。作为法语参考大词典，它于 20 世纪 90 年代由法国国立法语研究学院（INALF）编纂，可以在线上免费查阅，是一部法语权威词典。在这部词典中，"语料库"的定义如下：

语料库是按照穷尽资料收集的原则所搭建的文本集合。

也就是说，我们需要为语料库搜集资料，解释语料库是如何构建的。同时，在构建语料库的过程中，要围绕语言学研究所确定的主题性或典型性标准来为语料库搜集语料。我想引用约翰·辛克莱（John Sinclair）对语料库的定义。作为英语语料库语言学学科的奠基人之一，他认为语料库是“按照明确的语言学标准选择并整合的语言材料的汇集，是用作语言研究的样本”。也就是说，当构建一个语料库时，是带着一定的标准去构建的，要对各种语言成分进行选择，有需要说明的对象，想要呈现的文本，这些文本作为样本代表了某种语言类型。

近些年来，当我们探究语料库定义时，总会考虑语料库是否可以电子化使用。50年前，对语料库的研究仍然以纸质形式为主；而现在，语料库的定义完全与电子化的概念密不可分。当我们要查阅某一语料库时，往往是借助多种语料处理工具，以电子形式进行查阅，这也是我们今天要讲的。这些语料处理工具在部分程度上运用了自动化处理，能够发挥文本电子化方面的作用，实现自动或半自动提取。

接下来我们看几个实际应用的例子。为了使介绍更加简明易懂，今天讲的应用都比较具体。

第一个关于语料库语言学应用的例子：假设我希望研究“重复”这一表达方式的惯用语，尤其是在法语口语中，那么，《巴黎人报》（*LeParisien*）所构建的法语口语语料库便可供我查阅和研究。这一语料库主要包括对母语为法语的巴黎人就巴黎市看法的访谈。基于这样一个已经完成语料收集和转写的语料库，我们就可以观察说话人以何种方式、在何时使用“Comment dirais-je”（我该怎么说？）这一惯用语。通过使用语料库处理系统，我们能清楚地看到这个短语在语料中的分布情况。此外，由于这是由法语口语语料转化而来的，我们还可以选择收听与自己研究目的相符的文本录音。鉴于此，对这类语料成分的快速提取，使得我们很快了解“Comment dirais-je”这一惯用语的功能和意义。

再举一个例子：如果我们要研究科学语篇，而在科学语篇中，我又十分希望研究所谓的跨学科科学词汇，这些词汇在不同学科中均有出现，尤其是人类科学。也就是说，假设我们想要研究一些出现在不同学科（如社会学、历史学和语言学等）中的名词，在进行研究时，我们就希望提取这些跨学科的词汇。我们以科学文本语料库 Scientext 为例，语料库中的上述词汇被提取并呈现在图 1 的表格内，其中包括“travail”（工作）、“modèle”（模型）、“étude”（学习）、“niveau”（等级）等，这便是通过开发语料来寻找科学语篇中的跨学科词汇。图 1 中的表格为格勒诺布尔－阿尔卑斯大学“语言学及语言教学法”实验室（LIDILEM）的研究成果。

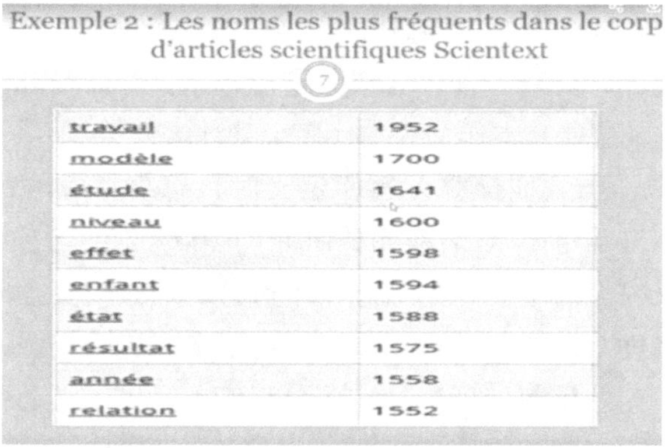

Exemple 2 : Les noms les plus fréquents dans le corp
d'articles scientifiques Scientext

travail	1952
modèle	1700
étude	1641
niveau	1600
effet	1598
enfant	1594
état	1588
résultat	1575
année	1558
relation	1552

图 1　科学文本语料库 Scientext 中的高频名词

以上便是两个较为简明的应用案例，讲座的后续我们还将列举其他实际应用的例子。

总之，语料库的定义在语言学领域已经不是什么新命题。真正新的是在电脑上拥有电子化语料库的可能性，以及能够使用语料库处理工具进行计算和自动提取语言成分的可能性。很久以来我们就把语料库运用于比较语言学领域，如 19 世纪，人们热衷于研究印欧语系不同根源的古代语言。研究古语时，我们必定需要在语料库上做研究，因为已经没有多少这些古语的使用者了，所以那些古语的研究者别无选择，始终都要对相关语料库进行研究。

自语言学产生起，还有另外一个要求使用语料库研究的领域。该领域主要研究非书面语，因此语言学家需要对母语者进行调查。例如 20 世纪初美国语言学家研究美洲印第安语时，会对讲该语言的人进行实地调查，并将调查内容转写，以便研究对应的语言结构。那么他们为什么需要语料库呢？很显然，这些人并不是操土著语言者，因此语言学家们需要构建一定数量的语言样本，以便研究语言结构。

在这儿我想说的是，语料库语言学是一门有年代的学科，语料库语言学所谓的“新”，是指拥有电子化的大型语料库，并能够进行一定的量性研究，这些研究相比我们过去在纸面上手动进行的研究更为深入。过去我们已经对语料库这一概念进行了深入思考，所以这一概念已经不再新颖，在不同的时代需要考虑不同的问题。

伴随着信息技术和电子语料库的发展，语料库语言学产生于 20 世纪 60 年代。这门学科产生于英国，而不是美国。因为在英国，语言研究向来具有注重语用价值的传统，语言学家倾向研究某种语言是如何产生的、其现状如何、具有什么样的特点。而美国语言学界对此往往有较多的保留意见，在 20 世纪 70 年代的美国语言学中，各类抽象的语言模型占统治地位，像乔姆斯基的生成语法理论等。相比之下，英国语言学家研究语言的手段更偏向具体和实际。自 20 世纪 60 年代起，英国语言学家详述了大量的英语语法，这不仅有助于语料库的建立，也使得人们发现并认识了一系列英语用法。而近期《法语语法大全》（*La Grande grammaire du français*）的出版，才标志着法语也实现了类似的发展。

关于英语语料库及其建设数量，我在此就不详细讲述了。需要知道的是，英语目前具有众多大型语料库，例如美国当代英语语料库 COCA（Corpus of Contemporary American English），包含超 10 亿词的语料，因此其语料库资源十分可观。

相对来说，法语语料库资源要稍逊一筹，因为法语没有像英语那样在世界上广泛使用。20 世纪 60 年代，法国语言学界主要围绕基础法语语料库，开展了一系列颇具创新性的项目，从语言教学法、对外法语教学角度出发，将法语高频词汇进行汇编。还有另一大型项目，该项目与《法语宝典》（*Trésor de la langue Française*）挂钩，建立了大型文学语料库——法语语篇语料库（Frantext），该语料库也可进行线上搜索。

近些年来，法语语料库建设又有了引人注目的成果，在此我不全部赘述。首先讲一下“当代法语音系学”这一项目。从“音系学”可以看出，这一项目主要涉及口语研究，将法语在法国本土各省和法国之外其他法语地区的口音进行对比，这十分必要，也十分有趣。其次，在学习用法语口笔语语料库 ORFEO（Outils pour l’étude du français écrit et oral）中，我们对口语和书面语语料资源进行了整合。除此之外，现如今还有众多的标注语料库。

如果大家感兴趣，我在这里为大家展示一个网站 Consortium CORLI[①]（见图 2），可免费访问，十分有趣。该网站汇集了一些法语和其他语言的重要语料库，其中既包括法语口语语料库，也包括法语书面语语料库。在法国，有许多可免费查阅的语料库，而上述这些语料库同样是可免费使用的。这一网站还汇编了一系列工具，供人们免费使用，进行语料库语言学研究。随着这一系列工具和信息的发展，在物质条件方面，我们对语料库语言学的研究已经不存在太多的阻碍了。

图 2　法语语料库合集网站 Consortium CORLI

在进行了简要介绍之后，我们讲讲语料库语言学的用途，即语料库语言学是用来做什么的？同时我们也可以思考一下，语料库语言学面临的问题有哪些？因为正如我所提到的，在语料库的世界里，“并非一切都是玫瑰”，并非一切都是完美、简单的。

语料库语言学的价值，体现在其能够借助数据突出强调语言现象。我们不做纯理论性的语言学研究，而是关注语言的运作方式，要弄清楚这一表达方式是如何使用的。这类研究可为某些不常用表达方式的教学提供帮助和指导。

其次重要的一点是，当思考语言结构时，我们意识到，单凭乔姆斯基理论所提出的“自省”是不够的。正因为我们说某种语言，作为这门语言的母语者，都能够明白哪种句子是正确的、哪种句子是错误的。比如，在法语中，我们不能说“Chat mange le rat”，因为句中主语位置

① 直译为语料库、语言、互动联盟（笔语、口语语料库联盟）。——译者注

上的名词前没有限定词，这种表达在法语中是完全不可能出现的。可能在某些谚语里可以出现这样的情况，但是在现代标准法语中，主语位置名词前必须有限定词，任何一个说法语的人都明白这一点。但是在某些较为复杂的情况下，我们作为母语者，也往往会纠结某种用法究竟是正确还是错误的。比如，如何确定某个词的含义？在某种语境下，它具有什么样的意义？某个句子从语法角度看是否正确，是否符合语言结构？以上这些情况往往比较复杂，而单凭“自省”是完全不够的。这种情况下，我们便可有效借助语料库，来观察某种句法结构是否可能，而不是单纯基于直觉来判断。

我们再看一个词汇语义领域的简单案例。如果想研究某个词的含义，我们观察到，其词义其实是非常多的，即一词多义。当思索某一个词所拥有的不同释义时，我们发现有很多的释义是我们想不到的。我问那些法语母语者：“你们如何确定‘front’[①] 的词义？这一词常见的释义是什么？”可能大多数人都会回答道：“啊，‘front’这个词，就是指脸的一部分。”在法国《东部共和报》（*Est Républicain*）的语料库中，我们可以看到“front”一词有许多其他的释义：“该集团近几个星期相对较安静”“阿尼克不得不面对所有的面孔”“其父亲死于前线”“其进攻阵线的头号武器”等。在最后一个案例“额头上的血肿”里，出现了“脸的一部分”这一释义。我们发现，在这一语料库中，“脸的一部分”这一释义占比是很少的，除此之外还有很多其他的释义、大量的固定表达，这些在我们运用“front”这一词时都要考虑到。总之，通过这一案例，我希望向大家说明的是，语料库在词义方面同样为我们提供了大量的信息。当然，此处有关“front”的案例并非特别完善，因为需要建立更大规模、性质更加多样的语料库，而不仅仅只局限于报刊语料，毕竟报刊语料并不包含某个词的全部释义。在此是为了向大家展示，通过语料库我们可以获得很多有价值的语义成分，并且这些成分都是与时俱进、不断更新的，而说法语的人往往想不到这么多的内容。因此，语料库能够凸显出许多有价值的语言现象。

那么语料库语言学的优点有哪些呢？我认为有以下几点：首先，我们可以更加客观地进行研究和检验结果，像刚刚那样对语言现象进行

---

① 该名词的基本意义为“前额，正面”。——译者注

计数，也可以检验某一语言现象存在与否。同样，我们也可通过量性分析概括归纳一定数量的语言现象，例如从对齐双语语料库中，找出某一句法结构最典型的翻译方式。其次，在电子语料库中，我们可以更加高效快捷地查阅相关文本数据，分析研究对象的频率、上下文语境，以及词与词之间的相互关系。最后，语料库也有助于发现那些我们肉眼往往观察不到的语言现象。某些文本的规模可能十分庞大，以至于我们往往不能实现对所有语料的阅读，而借助语料库，我们就可以明显看出语言成分之间的相互关系。下面是我与同事奥利维埃·克莱夫、萨沙·迪维希（Sascha Diwersy）所进行的一项研究，克莱夫先生在下星期的讲座中将为大家讲解自动化处理方面的知识。我们主要研究了一些有关情绪的词汇，例如，研究和“colère”（生气）有关的词汇，也就是所有在“colère”这个词义场出现的词语，包括“colère”（生气）、“fureur”（愤怒）、“révolte”（起义）、“exaspération”（激怒）、“irritation”（恼怒）这些词。同时发现，有些形容词和其中某些名词更常搭配，比如“révolte”（起义）常和形容词“estudiantin”（大学生的）或“populaire”（人民的）搭配。这样就可以发现，作为情绪类词语，“révolte”（起义）这个词往往和一些集合性词语搭配使用。这些调查发现有助于我们更好地了解“colère”（生气）的语义场。由于要在如此大规模的数据中找出这类关联，这种研究是不太可能纯靠人力进行的。

在讲完语料库的几大优点之后，我们不能否认的是，语料库并非完全是好处和简便的代名词，我们也面临着一定的困难。其中第一个问题就是：不管语料库多么庞大，仍有一些语言现象未包含在内。特别是对于一些较少见的语言现象和罕见词，语料库中往往没有太多相对应的信息成分，这也是语料库语言学反对者所批评的一点。此外，口语语料库往往还有一些语言行为（语言表现）导致的问题：当我们在说话时，往往伴随着大量的停顿、犹豫、吃字，可能会重复或中断自己所说的句子。书写出错时，我们可以改错，因此书写更加有条理，而口语则不同，这点我们在后面分析口语语料时会详细讲述。当我们研究口语语料库时，对于口语中的这些口误、迟疑，在已知其是语言表现中所出现的问题的前提下，是否应该将其归入语料库？

还有一个我们在所有语料库中都会遇到的问题，就是不恰当信息的出现。使用语料库时，我们获得的结果有时并不恰当，就像当我们通过网络搜索引擎搜索时，可能会出现一些不太相关的结果。语料库也是这样，可能会出现与我们的研究不相符合的搜索结果。

当把语料库应用于语言教学时，还有一个可能出现的难题，那就是语料库展示的例句往往具有一定的难度。比如，当教授法语语法时，想从语料库中提取一些例句，但这些例句往往对初学者并不友好。因此与像“Martine achète un lit”（玛丁娜买一张床）这种简单句相比，语料库中的例子往往比较复杂，而前者往往更加实用。因为相比于直接学习复杂句子，学习简单句对学习者来说更加容易。总之，语料库的某些语言材料可能较为复杂，不易处理。

对语料库语言学进行整体介绍之后，我现在讲一下关于建立语料库的一些设想。语料库建立的过程中，往往会出现一些问题，现在我们就试着去思考并解决这些问题。在这次讲座的内容框架中，我们仅探讨法语书面语语料库的问题。所谓书面语语料，是指那些要么起初为书面形式的语料，比如从小说、科技文章或者网络论坛中提取出来的语料，要么是口语材料转写而来的书面语语料。口语方面存在的种种特征也十分有研究价值，但对此我们今天就不多说了。

那么应该如何建立语料库？我们需要遵循多个步骤：

第一步，获取第一素材。要搜集文本，建立起文本库。我们知道，建立语料库往往有一系列的标准。因此在第二步，我们将根据不同标准指明元信息。例如我想研究法国之外的法语使用者，那么我需要指明其年龄、受教育程度、学习法语的年限，这些便是所谓的元信息，后续我再深入讲解。第三步，我们有时需要进行语料标注。通过标注对语料进行处理，能够使我们所研究的语料更加有价值。因为法语有着大量的词形变化，所以把动词等作为研究对象往往难度较大，我们后面详细说明。

在第一步获取文本中，存在两种情况的文本。第一种情况，搜集的文本像小说、报刊、科学文章、网络论坛以及 SMS，本身已经是文本形式。这种情况下要建立语料库相对简单，因为文本已经存在电子化的形式，不复杂，也没有太多的文本转换工作要做。而第二种情况则较为复杂，即搜集的文本出自口语对话的录音，这种语料我们稍后会在

CLAPI 中看到，因为 CLAPI 就是一个口语转写语料库。在这种情况下，可能会涉及口语对话、政治演讲和采访等。因此一开始，从这些录音入手，我们对其进行书面转写。而这一过程中也会产生一系列的问题：如何处理对话中的语音重叠（两个说话人同时讲话）、口误、结巴、笑声以及手势语等成分？因此，口语语料库的建立往往更为复杂。目前，法语口语语料库规模仍然不大，但近些年来，优秀的法语口语语料库相继问世，这对教学法来说十分有益，这点我在后边将详细说明。

总之，在第一种情况下，我们基于电子化载体来构建文本是最简单的。比如我已经有一份电子化的文档（例如 PDF 文档），那么在语料处理系统中，我便可将其转化为 TXT 纯文字格式文件。对于稍微复杂的情况，我们也有了成熟的解决方法：如果要处理的载体为印刷品（如 19 世纪一些纸质形式的古书籍），没有电子形式的版本，该怎么做呢？我们首先拍下文本的照片，然后通过人工智能系统对字符进行光学识别，即英文中的 OCR（Optical Character Recognition）。经过这些有效工具的处理，我们便可获得电子载体的文本，一切也就不那么复杂了。

相反，当涉及口语语料处理时要复杂一点，口语转写目前仍是人工处理。当涉及独白类的话语，比如政治演讲、总统宣誓演讲等，自动化识别的确是可行的；而当涉及一些断断续续的对话，自动化识别则完全行不通。所以需要听录音，然后进行转写，并时不时地对其中的停顿、声音、迟疑、语音重叠标记说明。而这些操作都需要人工完成，耗费的时间和各类成本都极高，但却是处理口语语料不可或缺的一步。

第一步之后，第二步是构建语料库的元信息，指明语料库是如何建成的，以及该语料库包含哪些内容。查阅语料库时，了解其构建方式也是十分有益的。元信息，即关于信息的信息。它有助于明确语料来源（比如小说语料库中关于作者的信息），也有利于知晓语料经过了哪些处理，例如一些更改、标注。最后，元信息还有助于我们了解语料的产生背景，如语料的产生时间、说话人的社会地位等。元信息在构建语料库的过程中是必不可少的；对语料库进行查阅时，同样需要对元信息有一个清楚的认识。

这里我将展示一些元信息层面的内容要点。元信息首先要为语料库注明信息来源，包括原作者、说话人、讲话日期，以及说话人生平信息（如果可以找到）等内容。第二，元信息也要提供有关语料库本身的信息，包括语料库的创建者、创建时间，创建者是如何建立语料库的，是否使用了语料库编辑器等。第三，元信息要包含语料的处理记录。例如当进行口语语料转写时，在众多现存的转写规则中，语料库所采用的转写规则是哪种？是否进行了语料标注？是否添加了一些语言信息？以上均为语料处理记录的内容。最后，元信息还包括对语料库的校订和修正记录。当涉及一些大型语料时，往往要进行校对、改正、模式修正等操作，这些内容在元信息中也要呈现。

接下来，我为大家展示一个元信息的具体案例：

首先是 CLAPI 语料库。CLAPI 语料库内含对话等互动语料。其对话都是自然进行的对话，而不是采访等。这些对话都发生在日常生活中，像家庭内、朋友间的对话，交易对话（如面包店里进行的对话），以及工作中的对话交流。

使用 CLAPI 语料库时，我们可以选择某段时间、某种（些）对话类型（如私人对话、电视谈话等）的语料；我们也可以只选择包含视频的录音语料，以便更好地看到说话人的面部表情；也可以根据对话人的数量（2、3、4 人等）进行语料选择。这一切操作变得可行，正是因为元信息的存在。

第二个例子是 Scientext 语料库，该语料库为科学文本语料库，因此只含有科学类文本，包含多类学科，如实验科学、人文科学、应用科学等。也有多种文本类型，如科学文章、博士论文等。这些信息都包含在元信息之中，因此当我们进入该语料库时，便可以根据元信息进行学科科目、文本类型的选择。其中的“原文构成”板块与语料标注有关，这点我们在之后讲解该语料库时会详细说明。

第三步涉及对语料的标注。语料可能是未经处理的，例如直接来自文本中的语料，也可能是经过一定语言处理的语料。例如在 CLAPI 语料库中，我们希望对法语中的否定表达进行研究。再如我们想查找“pas”这个词，它是多义词，通常情况下可被视为副词，但它也是个名词。CLAPI 目前还不能替我们判断“pas”这一词究竟是名词还是副词，这便造成了误检现象，即检索出一些不相符的结果，例如想查“pas”的副词形式的结果时，却得到了名词形式的结果。

在CLAPI语料库中，也不能进行词元搜索。例如要研究“aller”（法语中表示“去”的动词不定式）这个词，想要搜索“aller”的所有变位情况，这在法语中比较复杂，因为“aller”这个词非常特殊，有多个变位。因此，在没有对语料进行处理的情况下，研究其实是很复杂的。现如今，归功于语料自动处理工具（我们很久以前就提出了语料自动标注），这些工具能够获取有效信息来明确语法范畴和词元。标注的对象可以是文本中的词汇，我们称之为“形态句法标注”，后面奥利维埃·克莱夫会细讲。这里展示的例子中，有“ceci”“est”“un”“exemple”四个词，每一个词都被标注了对应的语法范畴，这种标注是通过软件“Treetagger”自动进行的。因此每个词都被标注了词类：“ceci”为代词，“est”为动词，“un”为限定词，“exemple”为名词。同时我们还标注了词元（即词典中呈现的词的标准形式，如“aller”）。得益于这些处理，我们能够更好地进行语料研究。标注的对象除了可以是某个词语外，也可以是一组词语。比如，我们可以对所有的表达方式进行标注，这牵扯到多个词语；也可以对一个整句进行标注，标注其为疑问句或陈述句等；也可以对文本的某一部分进行标注，如Scientext语料库所处理的那样。在Scientext语料库中，语言学家将科学语篇分为引入、结论、脚注等部分，使我们能对这些不同部分进行对比。

总之，标注很有用，虽然它比较复杂，但有众多自动处理工具能够实现语料标注，对此奥利维埃·克莱夫也会为大家展开讲述。标注有助于我们更好地对语料进行研究，降低误检结果（不恰当信息）的数量，同时减少漏检数量，减少未能完全展现所有恰当结果的情况。这使我们能够更加细致地进行研究，进行大规模语料的处理。

有关语料库的建立就讲到这里，接下来我们讲讲语料库的基本功能有哪些。对于这些功能，我将做简要介绍，奥利维埃·克莱夫会为你们进行更技术性的、偏重语言自动处理的讲解。安德烈·萨莱姆的讲解偏重词汇统计学，具有统计性。

那么语料处理系统和工具的主要功能都有哪些呢？大家可能已经有所了解，我们在这里快速地回顾一遍。首先是逐词索引分析，该功能可以将某种表达定位到其语境中并识别出来，这在语言学中是很重要的。其次是频率计算，如我们在科学类语料中所讲的那样，哪些名词出现的频率最高等。第三是对特殊词汇的提取（特性分析），不同于频率计算，该功能是对文本中特有词汇的提取。第四为同现搭配分析，即查找出目标词语与其周围词语共同构成的组合。最后为复现语段分析，即查找出所有重复出现的单词串。

在讲解具体案例前，我们将对其主要功能进行大致浏览。要研究语料，就必须建立语料库，并借助语料处理软件对语料进行处理、检查。我们可以通过以下工具来处理语料。大致上，语料的格式分为两类：纯文本和 XML 格式。XML 格式稍微复杂，奥利维埃·克莱夫可能会讲到。在语料库语言学领域有多款免费的处理软件，例如英语语言学界常用的 AntConc，功能强大，来自里昂的 TXM①，以及 Nooj②和 Unitex③，可以对语料进行十分细致、语言学化的处理；AnaText 和 Lexicoscope 由奥利维埃·克莱夫开发，因此由他给大家介绍；安德烈·萨莱姆已经向大家讲解了 Lexico 这一软件。

以上是简单的几个案例。我们有许多免费工具，包括 AntConc 和 AnaText 这样操作十分方便简单的工具，其中 AnaText 是一款优秀的适用于语料库语言学初级学习阶段的软件。

我先从逐词索引分析功能讲起。这一功能对于语言学研究具有核心意义，它对我们研究语料是十分重要的。这一功能除了能够对某一表达、某个词或词组进行查找之外，还会呈现相应的语境。我用“fosse”这一词来举例说明，使用的语料为左拉 19 世纪创作的小说《萌芽》，该小说为社会历史小说，主要讲述了 19 世纪下半叶法国矿工的故事。“fosse”的含义为“煤矿矿井”，矿工们往往要深入到矿井中采煤。假如在《萌芽》的文本中查找“fosse”一词，那么会得到所有“fosse”一词出现的情况，也可以对其语境、共现搭配以及相关表达进行研究。逐词索引的形式一般为“上下文中的关键词”，即 KWIC（key word in

---

① 该平台由里昂高等师范学校及里昂第二大学篇章词量学（Textométrie）研究团队开发，内含多个语料库，适用于自然语言处理、篇章分析、话语分析以及文本深度挖掘等多类研究，可于以下网址进行访问：portal.textometrie.org/demo/。——译者注

② 该标注软件由弗朗什－孔泰大学 LASELDI 相关团队开发，常用于外语教学课堂。——译者注

③ 详见 Unitexgramlab.org/fr。——译者注

context）形式。一条逐词索引对应一行信息，其中位于中心点的即为所查词语，在中心点的左右侧分别为其对应的上下文语境。通常来说，当我们点击该词语时，可以得到更大篇幅的上下文信息，以便更好地了解该表达所起的作用。另外，还有一些范围更大的逐词索引，比如我刚刚提到的大型法语文学语料库 Frantext，可以进行更大范围的逐词索引。Frantext 语料库主要供文学研究者使用，文学研究者往往需要更大范围的上下文内容，以便更好地了解词汇，因此在这种情况下，逐词索引的语境范围需要更大。

逐词索引用于观察语料成分的语言功能，例如通过观察“fosse”一词的词语环境，能够更清楚地理解该词的词义以及其表意、语言和历史功能。同时我们也可以在逐词索引及其原文本上下文中来回查看，以便更好地理解词语的功能。为实现逐词索引而进行的搜索被称为“检索”，我们可以进行多种类型的检索，其中包括形式类检索。例如我想通过逐词索引，列出“alla”（“aller”简单过去时第三人称单数形式）这一形式的内容。如果语料已经进行了标注，就可以进行对动词“aller”所有形式的检索，无论是简单过去时、现在时还是过去分词形式等。另外，如果语料已经进行了语法范畴的标注，那么可以进行语法类型的检索，如对文本中所有名词、感叹词进行检索。我们也可以基于语言成分进行检索，将一些可任意选取的元素进行组合并检索，我们称之为“正则表达式”。例如我想查找“il + être的任何形式+形容词”这样的组合，通过输入正则表达式，便可以获得该模式一定数量的检索结果。稍后在 ScienQuest 中，我们会对某些特定的组合样式进行检索。

总之，逐词索引十分重要。到目前为止，AnaText 等大多数工具都可以根据形式、词元、句法范畴或正则表达式进行检索。

第二大功能是频率计算。此部分的内容较为直观，但也十分重要。该功能能够找出语料库中具有某种特点的词汇或表达。再次以左拉《萌芽》的语料为例，我们可以根据出现频率，倒序呈现出相应的词汇。在列表中从上到下首先是出现频率最高的词语，往下出现频率慢慢降低，到最底部便是在语料中只存在一例的词语。

例如以词元“être”为标准所统计的结果中，所有“être”的变位形式都被统计在“être”这一动词的数据中，不存在其某一变位形式的统计数据。我们发现，无论是口语、书面语、科学类文本还是小说语料中，出现频率最高的都是一些像“de”“le”“un”这样的虚词，因此需要往下继续观察，才能发现一些有价值的表达。

频率的计算方法分为绝对和相对。如果只有一份语料，可以通过绝对频率的计算结果来观察其是否有用。但如果想对两份文本或文本中某一部分的频率进行对比，计算绝对频率就没有太大的意义，因为毕竟两份文本可能存在字数上的差异。这种情况下，通常会计算相对频率，将某一词出现的频数与其文本篇幅联系起来看。我现在展示一个例子：在 Scientext 语料库的科学语料中，如果我想在结论部分、正文部分和引言部分研究“pouvoir”（法语情态动词，意为“能够”）这一词究竟在哪一部分的分布频率最高，则不能通过绝对频率进行比较，因为引言部分的篇幅往往比正文部分少很多。相反，我们通过相对频率，将“pouvoir”一词的出现次数与该部分总字数进行对比，便可得出对应的比率。通过观察饼状图可以发现，结论部分中“pouvoir”一词出现的相对频率最高。相反，如果采用绝对频率，那么结果可能有出入，因为在结论部分只出现了 897 次，在正文部分却足足出现了 16 000 多次，因此使用相对频率是符合常理的。

我们回到绝对频率，发现像“de”（所属意义介词）、“le”（阳性单数定冠词）、“y”（副代词）这些语法工具词虽然出现频率最高，但却并没有太大的研究价值。如果我们沿着频率排列向下看，会发现一些很有价值的词语。拿刚才的《萌芽》举例，我们会发现出现频率不是最高，但仍然十分重要的词，其中包括一些主要角色的名字、一些描述成分（air、œil、tête）以及时间词等，这些在《萌芽》中都是很有价值的词语。

除了频率计算以外，第三大功能是进行特性分析，这一点安德烈・萨莱姆向大家介绍过。那么什么是特性分析呢？特性分析表示通过统计手段，将某一词语与对照语料库或校对语料库进行对比，从而衡量该词语的特性程度。特性分析的价值在于能够展现某一语料所特有的词汇。在此，我仍以《萌芽》为例。众所周知，左拉是一位多产作家，通过与左拉的其他小说进行对比，便可得出哪些语言成分是《萌芽》所特有的。通过对《萌芽》中的词汇进行特性计算，并将其与左拉的其他小说做对比，便可观察到一些有价值的信息。

那么要如何进行特性计算呢？首先，要计算出各部小说的相对频率，因为不同小说的字数不同，因此应确保计算基准相同。其次，需要使用一些特定的统计手段，如安德烈·萨莱姆所使用的超几何分布，或似然比检验等手段。以上这些统计手段可以找出语料中的显著或非显著词汇。克莱夫为大家介绍AnaText这一工具，大家会发现，借助该工具，可以把研究语料与一大型法语语料库的频率进行对比，从而实现特性计算。

接下来是第四大功能——共现分析。共现分析能够找出经常围绕在某一词语前后的那些词语。例如当我选择“fosse”（坑，墓穴）这一词，可以看到所有出现在其前后的其他词，这些词不一定完全紧贴其两侧，也可以与其有 2 个、3 个或 4 个词的距离。如在科学类文本中，可以将“concept”（概念）这一词的查找范围扩大到其前后 5 ～ 6 个词的距离，或依句法关系确定范围。比如 Lexicoscope 可以罗列出与目标词存在句法共现关系的成分，在“concept”一词的研究中，找出具有句法共现关系的词，即这些词与“concept”存在一定的句法关系，如“relier un concept”（联系一个概念）、“concept émotionnel”（情绪范畴中的概念）、“concept opératoire”（可直接应用于实践的概念）等，其间存在着如直接宾语关系、动词—定语关系等句法关系。针对这些关系，可以进行一定的相关性评估（des mesures d’association）[①]，这一概念克莱夫会为大家解释。我们在此简单讲一些相关的语言学应用，不深入讲解信息科学领域的复杂细节。

共现分析也可以用于开发搭配词典，这也是我们团队目前的工作内容。我们借助 Lexicoscope 和上述相关性评估，编纂了一本搭配词典，而相关性评估也涉及对共现分析的运用。这一功能能够帮助提取语料中的有效成分，如“différence fondamentale”（本质差别）、“tout au long de la période”（整个阶段）、“dresser un bilan”（做小结）。显然，其中存在很多人工处理，并不是所有工作都是由机器完成的。机器完成对语料的初步分拣，接下来由人工进行一些语言处理。

我们转到对复现语段的讲解。“复现语段”（segments répétés）这一

① 通过进行相关性评估，可以在共现分析中找到与目标词存在句法或语义关系的其他词，进一步帮助我们理解和确定词语之间的联系。——译者注

概念是由安德烈·萨莱姆提出的。复现语段功能能够找出语料中重复出现的词串以及约定俗成的表达，能够找出我们所研究的词语与哪些词语进行了搭配。英语中的“N-gram”与之是同一个道理。例如《泰国背包客指南》（一本泰国旅行指南）中，我们提取出所有的重复语段，即所有包含“beau”（好的，漂亮的）的字串，就会出现“dans un beau jardin tropical”（在一个漂亮的热带花园）、“ dans un beau jardin”（在一个漂亮的花园）、“au beau milieu de”（在……正中间）等所有重复的成分。在杂乱的语料中，我们便可以找到十分有价值的内容，比如一些固定表达、一些有特点的自由表达以及有助于篇章分析的字串。那些研究篇章，尤其是政治语篇的人，其中包括安德烈·萨莱姆，常使用复现语段分析这一功能。

以上就是关于语料库几大功能的讲解，接下来我们讲解最后一部分——应用案例。第一个应用为基于口语语料库 CLAPI 的否定表达研究，第二个应用涉及科学语篇类语料库。我选择了语料类型极为不同的两个案例，以更好地展现我们借助语料库语言学所进行的研究。

先从 CLAPI 语料库入手。CLAPI 是一个十分有价值的语料库，由里昂的 ICAR[①] 实验室创建，该实验室专门从事会话研究。CLAPI 的全称为口语互动语料库，是一个多媒体数据库，包含不同的对话类型，如专业谈话、私人对话、商贸对话等。该语料库不仅有音频形式的录音，也有视频格式的录音，有助于其广泛应用。其应用方向主要分为两类，就其语料来看，语料可用于口语互动的语言学研究；也可用于对外法语教学，教授更接近真实生活的法语口语，这是在教材中不常见的内容。另外我推荐大家看一下 CLAPI-FLE 语料库，该语料库更适合教学法角度的应用。该项目于几年前开展，目前仍处于探索阶段，但十分有价值。

正如我刚刚所说，该语料库的录音和转写完全由人工在遵循一定的准则下完成。它是音频和视频语料库，录音语料均可查阅，大部分语料都有视频。例如在《朋友间喝开胃酒》这一语料中，可以看到对应的

① 实验室名称全称为“Interactions, Corpus, Apprentissages et Représentations”。——译者注

时长等标注，也可以查看对话的录像。最方便的是，该语料库可线上访问、查阅，其内容也可下载。

以上内容为讲解第一个应用案例做了铺垫。在第一个应用案例中，我希望研究的语言问题是法语口语中的否定表达。我们不可能对所有否定情况进行研究，因此要进行样本选择，选择前 50 个例子，然后检验其结果。在标注中，我们发现“pas”这一单词被标注为红色，我们需要观察是否存在双重否定副词现象。在“Oh bah c’est pas trop tôt vous êtes pas en retard”[①]中，除了两处“pas”，不存在其他的否定词，该句中也不存在“ne”，即“ce n’est pas trop tôt”“vous n’êtes pas en retard”等情况，因此此处不存在双重否定副词。在前 50 个否定现象中，我们发现仅有 7 例存在双重否定副词的现象。此外通过进一步观察，我们发现这 7 例中往往有“on”，像“on n’a pas”这种搭配，其与“on a pas”的发音是相同的，因此在口语中，“在某些情况下”我们并不清楚“ne”是否存在，这使我们产生疑问，我们不能确定是否存在“ne”的否定表达，因为 ne 的存在与否对句子的发音方式没有影响。

双重否定词的情况相对较少，如果我们想基于全部语料来进行观察，应该怎么做呢？我们可以选择全部语料，并查找其中“ne”在“pas”之前的所有情况，从而展开研究。我们在目标词中选择“pas”，并选择“ne”作为目标词之前的词语，可得出 732 例“pas”前存在“ne”的情况，而“pas”这一词语在全部语料中共出现了 9958 例，通过计算比率，可以发现在 9958 例否定中，有 732 例是双重否定副词“ne...pas”的情况，占比约 7.5%。

通过对以上内容进行总结，我们发现使用口语语料库有助于观察到口语中否定现象的规律，了解其使用情况；也发现双重否定词现象虽然较为少见，但仍然存在，对该现象的进一步观察和研究是十分有价值的。同时要强调的一点是我们的研究结果并非百分百地可靠，因为仍存在一些“pas”作为名词的情况。而鉴于转写方面的问题，无法确定究竟是“On n’a pas”还是“On a pas”，这一误差往往难以控制，因此我们不能明确某处是否存在双重否定词现象。可见，语料库信息提取存在

① 该句意为“时间不早，您没迟到”，但在两处否定中都没有使用否定副词“ne”。——译者注

不足，这一点在进行研究分析时应当意识到。尽管如此，我们也应认可它的价值，尤其是对法语口语的研究。因此 CLAPI 的确是十分有价值的语料库，我在此鼓励大家对其进行查阅和探索。

在第二个应用案例的讲解中，我将为大家呈现科学类语料库 Scientext 中的一些观察结果。Scientext 语料库于十几年前由 LIDILEM 研究所建立，作为多样化书面科学语篇语料库，其囊括了论文、科学文章等。该语料库由语言信息科学工程师 Achille Falaise 通过语料处理系统标注后在网上发布。其标注为双重标注：第一类为语言类标注，标注了词类信息以及句法关系；第二类为对文本不同部分的标注，如引言、结论部分等，这对语料研究十分有价值。在此，我们将围绕词汇和短语展开研究。

同 CLAPI 类似，在 Scientext 中，首先选择子语料库。先对语料文本的亚属类别进行选择，例如可以只选择“论文类”或“科学文章类”，也可以选择如人文科学等某一特定学科。此外，基于标注，可以对文本部分进行选择。为了讲解几个案例，我们选择所有的语料。我们希望找出所有语料中最高频的动词，操作步骤很简单：首先选定所有语料，接下来在小型界面中，像刚刚进行逐词索引那样，可以根据形式、词元或语法种类进行搜索。将种类选择为“动词”进行搜索，便可以获得语料中的所有动词。搜索后，获得了所有动词，并可按形式或词元把它们进行排列展示。按词元展示的所有动词中，我们发现最高频的词语往往不具有特征性，都是一些像“être”或“avoir”的助动词或一些如“pouvoir”（能够）、“devoir”（应该）等的情态助动词。但往下，很快就会发现一些在科学语篇中有价值的词语，例如“montrer”（展示）、“présenter”（介绍）等与论证相关的动词。另外有价值的一点是研究这些词在语料中的分布情况，因为元信息已经标明了语料所属的不同学科，也对文本部分进行了分类。如果只搜索“montrer”（展示）这一动词，便可通过观察其相对频率（绝对频率在此意义不大），发现“montrer”在语篇的结论部分分布最多，这一词往往与科研人员突出其主要成果相关，例如“Dans cet article, nous avons montré...”（在本文中，我们展示了……），因此“montrer”常出现在结论部分。接下来，我们以不同学科为单位进行同样的操作，看看其在不同学科中的分布情况。我们发现“montrer”一词在心理学的出现频率是遥遥领先的，在医学、生物学中也有较多分布，其次是语言学。对我来说，我很难解释“montrer”在心理学学科出现频率超高的现象，因此需要进一步对语料进行研究，对同一语义场中的其他动词进行研究。我们已经得到了结果，但并不一定能对其进行解释，这种情况在语料库语言学中时有发生。

接下来，我们围绕语料库的另一大优点，讲解最后一点。假如在科学领域，要研究所有与“hypothèse”（假设）一词相关联的动词，比如“faire une hypothèse”（提出一个假设）中，“hypothèse”做宾语时所搭配的动词，那么该如何操作呢？在 Scientext 中，这十分简单，依次输入 3 个词，其中将第一个词的类别设为动词，第二个词设为限定词，第三个词的词元填为“hypothèse”，这包含了“hypothèse”的单复数形式。接下来进行搜索，便可获得相应的结果。在获得的一系列有效结果中，可以观察是否存在一些重要的语义场：诸如“faire/émettre/formuler l’hypothèse”等，这些均属于“提出假设”语义场。在结果中会出现多个语义场，而“faire l’hypothèse”是出现次数最多的用法。这种搜索方式十分有价值，但会产生漏检问题。所谓漏检，是指那些本该被检索出来的成分，却没能被检索出来。为什么会出现这种情况？因为搜索的内容为“动词＋限定词＋名词”格式，而这三者在语料中往往并非紧贴在一起，动词和名词之间会有许多其他成分。例如在“Je formule donc sur cette base l’hypothèse”（我依此提出假设）中，动词和名词间距离是很大的。在这种情况下，我们可以借助句法分析工具。Scientext 就有句法分析工具，可以把“formuler wue hypothèse”连在一起。目前，很多语料库都整合了句法分析工具，在语料库语言学研究中，这类工具正变得越来越好用。我们知道，“hypothèse”是“formuler”的直接宾语，因此在 Scientext 中，便可以构建这一句法关系。我们将第一个词仍设为动词，第二个词选择词元“hypothèse”，并在动词和“hypothèse”之间设定句法关系。这一操作稍微有些复杂，因为需要掌握句法，对各类句法关系有所了解。当添加句法关系的搜索结果与不添加句法关系的搜索结果进行对比时，我们发现前者可以得到更多结果。例如“faire l’hypothèse”在不添加句法关系的搜索结果中共有 196 例，而当“hypothèse”作为

faire 的直接宾语时，“faire hypothèse”存在 240 例。这很正常，因为其中包含了“faire une/la/cette hypothèse”等多种限定词的情况。此外，由于词与词之间可能会被很多词隔开，因此在添加句法关系的结果中存在更多这类情况的例子。

Scientext 语料处理系统有助于观察语料中的词汇现象。元信息十分有价值，凭借元信息，可以进行不同学科间的信息比较。语料标注有利于比较语篇的不同部分。另一点我想强调的是，句法标注在各语料处理系统中越来越唾手可得，在未来几年将得到极大发展，这一功能将大大改善语料库的搜索功能，为语料搜索带来更大的价值。

在此次讲座中，我们可以认识到，第一，通过观察语料中的语言现象来对实际语言现象进行研究，能够不断拓展语言学研究实现创新，同时语料库的建立应考虑周到。第二，元信息极其重要，我始终向学生们强调这一点，但学生们往往不太重视。第三，语料处理系统能够更方便地对文本展开研究，但我们也需要认清其存在的不足和局限性，对其局限性的认识对我们进行恰当的语言学分析也是十分重要的。最后，语料标注（尤其是句法标注）将大大优化搜索结果。

今天我要讲的就是这些，很遗憾遇到了一些技术上的问题，但我们还是顺利完成了讲座！

第十四篇

语料库语言学的开发方法（下）：工具介绍

讲座时间：2021 年 11 月 18 日
主讲人：奥利维埃·克莱夫（格勒诺布尔 – 阿尔卑斯大学）
译者：兰庭宇（北京语言大学）

主讲人简介

奥利维埃·克莱夫（Olivier Kraif），格勒诺布尔 – 阿尔卑斯大学教授，“语言学、外语及母语教学法”实验室（LIDILEM）成员，研究内容为语言的描写和建模、语料库和自然语言处理（DéMoCorTal）。2002—2019 年期间担任格勒诺布尔 – 阿尔卑斯大学计算机系讲师，自 2014 年起具备领导实验项目的资格，自 2019 年至今为语言学方向教授，现任教于语言学系，文学、言语和语言综合信息学系（I3L），面向语言学系本科生和语言相关专业研究生（IDL）授课。研究领域主要是工具化语料库语言学，特别是大型多语言、对比或平行语料库的研究和开发。克莱夫教授还对与文本体裁分析相关的用语识别等研究感兴趣。基于此，他参与了 ANR Scientext、Emolex、Phraséorom 等项目的开发和研究。

译者简介

兰庭宇，北京语言大学法语系 2021 级硕士研究生，研究方向为法语语言学、篇章分析。

讲座正文

今天的讲座，主要以 AnaText 这款软件为例介绍一系列自然语言处理工具，大家可以在网上自行下载 AnaText 软件。讲座分为以下几个部分：首先，我将介绍几个与语料库语言学相关的基本概念，还会介绍质性和量性两种分析方式，这两者的差别并不十分明显，且二者通常是相互依存的，我还会谈论到词频分析、词汇特性分析、搭配分析等概念；接下来，我会介绍一些同义词组复现分析形式，如复现语段（segments répétés）、配对（ngrammes）、浮现图示（motifs）以及模型分析（pattern）等；最后，我将做总结概括。

我首先要向大家介绍一下法国语料库语言学先驱之一英国语言学家约翰·辛克莱尔（John Sinclair），他编撰了第一部完全基于语料库的词典，因为他认为词典编纂者以及说话人的直觉不能为词典词条的选择提供很好的解释，也不能给出词义的特性。辛克莱尔教授注意到了人的主观语感和客观收集的语言事实之间存在着极大的、系统性的偏差。因此，出于对直觉语感的怀疑，人们开始对基于语料的直接分析观察感兴趣，这些观察既是量性的，也是质性的。这样的出发点与乔姆斯基的观点不同，不再依赖说话人的直觉语感来建立词典的词条，而是依赖语料，也就是客观的语言事实来编撰词典。

那么，一个问题就提出来了：为什么要怀疑直觉语感的准确性？很多时候，当我们想到一个多义词时，通常会想到该词最凸显的原型（prototypes）的基本词义，但该词义往往并不是该词用法中使用频率最高的。我们来看一个例子，动词“concevoir”（设计）通常和副代词“en”连用，例如“il en a conçu le projet”（他为此设计了方案）。如果看“il en a conçu”（他为此设计了）的意思，会联想到“il en a conçu le projet/les plans”（他为此设计了方案 / 计划），在这个句型中，“concevoir”的意思是“projeter，penser，construire”（计划、打算、构建）。然而，查阅报刊文本语料库后就会发现，大部分例句是“en concevoir une certaine irritation”（为此发火），“ en concevoir une certaine fierté sans nuance”（真切地感到某种自豪），“n'en concevoir aucune amertume”（没有体会到其中任何苦涩）等，“concevoir”的意思都是“感受到某种情感”，这种规律不是直觉语感能直接体会出来的，因为这个常用的意思并不是这个词的原型意义。

如果计算词频，在真实情景基础词语料库中也能找到像“amertume”和“sentiments”这种情况的词语。这就是语料库的两个优点：一是更接近说话人对词汇的实际使用情况；二是能展现出词汇的使用频率，指明一些重要的语言使用现象。这些优点能帮助我们更深入地分析语境，也就是说能够帮助我们识别词语单位的上下文语境，以及语境在语义和结构层面对词语本身产生的影响。

接下来，我们也强调不能不考虑“直觉”，直觉在分析阐释通过观察所获得的数据，以及重新返回分析文本中起着必不可少的作用。例如在左拉的作品《萌芽》中多次出现“longue+haleine”（长长的 + 叹气）这两个词的组合共现，可能会想到这是固定词组“de longue haleine”（长时间），但实际并非如此，在语料中通过返回文本发现该词组在左拉作品中指的是“长长的呼吸”。

谈论到统计时，我们经常会把质性观察和量性观察对立起来。实际上这是两种不同的观察分析方式。倘若我们观察词汇和词组的频次、词汇数量的增长、每个句子中包含的平均词数、共现频率，以及析因变量分析等能够提供数值的情况，属于量性分析；倘若是分析语境中的搭配，则属于质性分析。如果进一步观察会发现，即使是对词做量性分析，也会涉及一些质性相关因素，例如计算词数时就会涉及对词、句子的定义，怎样切词，怎样组合等，这些概念随着时间在不断地演变。就是简单地关注一些问题时，如：是什么构成了上下文的词汇？词汇计算是否应基于屈折变化还是词典中的典型词元？所有这些选择都是质性的，都会成为分析的标准。当获取统计数据时，我们总是依赖约定俗成的准则，这些准则是数据计算的前提条件。总而言之，所有的量性数据的获取依赖由质性标准界定的语言对象，比如那些用于自然语言处理的工具（切词、标注、文本对齐）的参考标准会涉及一些质性标准。无论运用哪个语言处理工具，量性度量都依赖人为规定的矩阵，不仅仅依赖客观事实。

综上，可以看出量性分析不能免去基于质性分析做出的选择。那么反过来，质性分析是否可以免去量性分析呢？显然，这关系到语言学中例子（样本）的地位。语言学家用具体例子进行理性思考，这些例子能体现出一些词汇、句法、语用等方面的语言现象，但是一个例子只能证明一个事实的效度，被研究的例子能够体现出某个现象，但是一个单独的例子是不能证明其具有普遍性规律的。在语料库语言学中，人们似乎更接受：一个孤立的例子不能揭示什么，不能代表普遍现象。那么词典中，一个具体例子怎么就足够解释一个词的用法，而且历史证明过去还是一直可行的？让我们以“informatique”（信息科学）这个词为例。这个词是菲利普·德莱弗斯（Ph. Dreyfus）在 1962 年创造的，这是他首创的词，所以在某种程度上，这个例子能够自证说明该词在历史中的地位。但是在语料库语言学中，人们关注的是可再生的、具有普遍性且具有一定覆盖范围的语言事实，而不是那些偶然出现的语言现象。不知道你们是否尝试过，如果打开搜索框，输入组合“aléatoire de lettre”（字母的随机性），然后进行搜索，多数情况下会搜索到其他的语言单位。为什么？因为网上有太多内容是偶然结合到一起的，我们总是能找到一些组合。但是在语料库语言学中，我们通过特定的语言实例或话语寻找的是语言，也就是说想要寻找一些具有普遍性的规律。

我们看一个从 Scientext 语料库中提取的例子。这个例子中我们关注的是“douter”（怀疑）这个词的词频以及与“douter”共现的其他词语。我们注意到“à n’en pas douter”这个表达方式几乎每次都是以插入句的形式出现，在 27 例出现“douter”的句子中有 7 例是“à n’en pas douter”，其中 6 例都是以插入句的形式出现。如果查找“à n’en pas douter”，它总是与插入句相关联，那么，是否因此就可以说我们发现了一个具有普遍性的现象？我们并不能证实这个规律，为什么？因为如果观察一下所有例子的来源，会发现它们均出自 *Science de l’éducation* 收录的博士论文。因此，即使这种语言现象有一定的代表性，但并没有广泛地分布在整个语料中，所以不能代表整个语料。因此，如果想赋予质性观察某种普遍性，必须要求使用的统计文本语料相当完整，以便能够找到既重要又具有代表性的现象。

具体来说，我们对所谓的离散差特别感兴趣。离散差是指出现在文档中的频率，即一种现象出现在一定数量的文档中，而不是单个文档中。

所以质性观察的范围也取决于量性标准。埃琳娜·托格尼尼–博内利（Elena Tognini-Bonelli）区分了两种研究方法（见图 1）：一种是基于语料库方法，即使用语料库查看是否证实了某个一般性假设，是否可以观察到证实这个假设的个体事实；另一种是语料库驱动方法，以相反的方式进行，对单个事实进行质性观察以提取具有一般性的假设。有趣的是这两种方法以某种周期性的方式交替进行，从个体到普遍，再从普遍到个体。

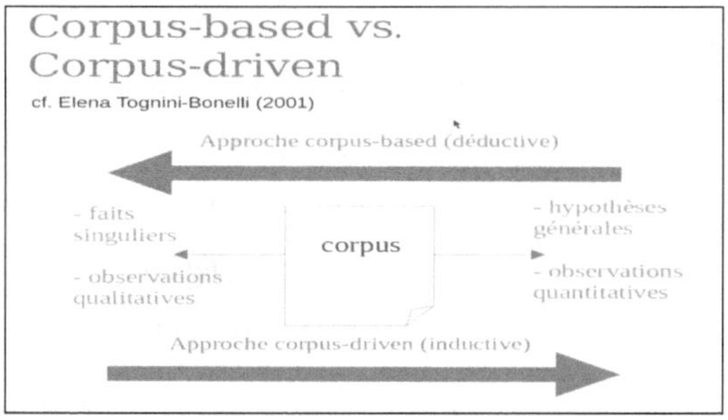

图 1　基于语料库与语料库驱动的研究方法

现在，我们可以更严格地探讨一下量性分析概念、词频分析概念和词汇特性概念。看图 2 的这个小恐龙，它代表了 ZIPF（高频词形）的分布。实际上，当我们计算一个文本中的词汇数量时，会发现极少数词的出现频次特别高，这一部分对应的是恐龙的头部；然后也有少数词出现频次特别低，这一部分对应的是恐龙的尾部，头尾之间是躯干部分，代表较常见的词，数量较多，构成了研究分布的主要部分。

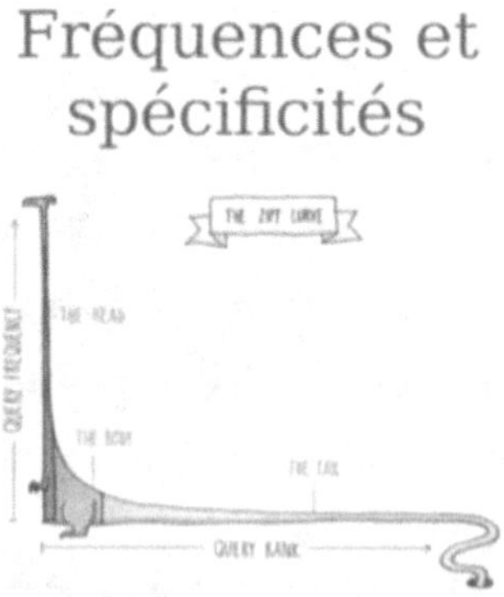

图 2　高频词形分布示意图

那么，当我们根据一个语料库进行点数时，遇到的第一个问题就是：要计算的是什么？计数的标准是什么？以 AnaText 为例，我们会用到一个标注文本的工具 Treetagger，它首先进行自动标记，也就是切词，包括词形、标点、符号、日期等；然后贴标签，也就是给每个形式做相应的记号；之后是词形还原，也就是寻找每个词形的原形。Treetagger 是一种语篇语料库标注工具，可以做出消除上下文歧义的选择。这是 Treetagger 处理的一个例子（见图 3）："Il marchait d'un pas allongé, grelottant sous le coton aminci de sa veste et de son pantalon de velours"[①]（他迈着长步走着，打着哆嗦，穿着薄薄的棉衣和薄薄的绒裤），右侧是 Treetagger 处理后的效果：

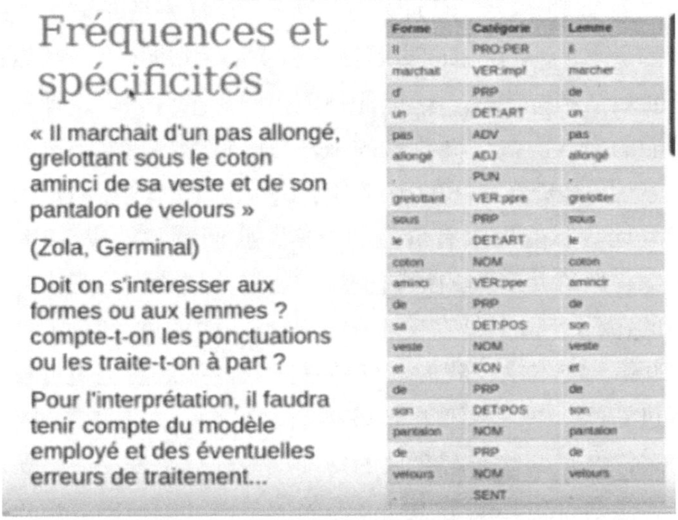

图 3　Treetagger 标注示例

这句话每行按照单词的形式或标点符号进行切词，如果 Treetagger 允许的话，可能还会看到聚合组合词语。每个词形都有一个对应的标签，例如，可以看到"marchait"（走着）被分析为一个未完成过去时的动词，后面还有词的原形"marcher"（走）。需要注意的是，使用这些工具时可能会出现错误，还要注意特殊的标注方式。例如，"allongé"（拉长）被分析为一个形容词，而"aminci"（变薄）被分析成一个动词的过

① 该例句出自左拉的长篇小说《萌芽》。——译者注

去分词，可以看到机器做出了不同的选择，很好地区分了哪些是形容词，哪些是过去分词。这些选择是基于上下文语境或语料库提供的模型做出的，但要时刻谨记有时会出现错误，大概有 10% 的错误率。

AnaText 的分析数据，首先会有一个整体的统计数据，包括句子数量、标记数量（包括标点和词汇）、词形数量（语言形式）、音节数量、字数（不包括标点）等，其次还有类型，即不同词形和不同原形的数量。我们区分类别和出现的语言单位，后者是文本中包含的词形，而类别是不同的词类，即文本的词汇构成，是组成文本单词类型的列表。

这类分析中我们要做的第一件事是分级索引。这将为我们提供 ZIPF（高频词形）分布图，我们会在列表顶部看到什么？显然，会看到一些标点符号和语法工具词，如“de”（所属关系介词）、“la”（定冠词阴性单数）、“les”（定冠词阴阳性复数）”等介词、冠词以及助动词，这些词既简短又高频出现。这里的频率指的是绝对频率，即在语料库中找到的词语的出现次数，而相对频率是与语料库容量大小有关的频率。

分级索引 ZIPF 分布图的头部对于识别文本的内容不是很有用。如标点、工具词等不能提供有价值的线索，我们看到组成 ZIPF 头部的单词数量很少，但这几个词的词频很高。在另一端我们能观察到什么？分布在尾部的单词有很多是在文本中只出现一次的词，在包含 14 426 个词语的《萌芽》文本中，我们看到几乎三分之一，甚至超过三分之一的词只出现过一次。这是不变的，在所有文本中，总是有至少 30% 的词只出现一次，这是一些非常罕见的词。这些词只出现一次，所以无助于识别文档的主题，也无助于识别文档的主要语义场。但它们仍可以给出一些指示，例如，像“soulageât”（变轻松）这样的词运用了简单过去时变位，它可以给出体裁的指示。在小说这种体裁中才会发现很多简单过去时，还有“hennissement”（马叫）这样的文学作品专用词也对体裁予以指示。所以，这些只出现一次的词虽然不能指出文本的主要内容，但它们是识别文本类型（叙事、议论、描述）和体裁的有价值的线索。

分布图的头和尾之间是主干部分。这一部分能够指示更关键的信息，比如指示主题。躯干部分的词不是工具词，诸如“homme，femme，voix，jours，fosse”（男人、女人、声音、日子、坑）等词指示谈论的内容，看到这些词，我们就能知道文本说到“男人、女人、物”

等内容，就能了解重要词汇的构成。

为了在这个长长的单词列表中找到指示内容更加丰富的词语，我们可以使用标签，把工具词放在一边，目标是实词，如名词、动词、形容词和副词等。然后通过词形还原将变形后的词分组，例如动词“dire”的不同形式归入“dire”这一词条下，这样可以得出这个动词更精确的频率。这就是我们利用 AnaText 所做的，我直接演示一下这个应用程序，每个类别都有足够的层次索引。例如，在最常见的名词里能够发现比之前更具体的信息，仍有“homme，femme”（男人、女人）这两个词，但我们还发现了像“coron”（矿工宿舍）这样指示矿工生活的内容，以及“ouvrier，fosse”（工人、矿井）等，所以说这些名词通常可以作为主题和风格的指示。再如，“heure”（小时）这个高频词与小说以工作日叙事的结构有关，用工作时间来描绘人物的生活节奏。从这些例子可以看到，“en attendant d’aller prendre son service, à six heures！”（等着去上岗，在六点钟！）、“…… lorsqu’il rentrerait à six heures”（当他六点钟回来时……）等都是通过工作时间来描述一个精准的时间点。

同样，对于高频词“oeil”（眼睛），把这个词返回到文本中就可以观察到它在人物形象描绘和情感表达中发挥的作用，例如“Jeanlin, qui s’était pelotonné, referma les yeux, en disant”（Jeanlin 蜷缩着，重新闭上眼睛，然后说），这是一种表达情感的方式。

再看动词方面。首先如果看到高频助动词，它们不一定能表露明显的迹象，因为无论什么类型的语料库都是这样的。但当发现像“faire”（做）这样相对自由的词，以及“dire，venir，aller”（说、来、去）这样的词出现频率很高时，我们会立刻知道这是一篇记叙文。其实，如果看了不同的文本体裁，我们就能意识到小说体裁的主要特点是动词很多，如“dire，répondre，crier，demander”（说、回答、喊叫、问）等表示说话的词，“venir，aller，passer”（来、去、经过）等表示位移的动词，以及“voir，entendre，regarder”（看到、听到、观看）等感知动词。对于其他文本体裁，我们会发现具有其他特点的高频动词。

我们可以提出这样一个问题：如果没有能区分名词、动词和副词等词性的标签器或词形还原器会怎样？可以没有这些工具吗？是的，当然可以不使用它们，在这种情况下，可以将语料库频率与参考语料库中的频率进行比较，即使我们没有足够大的语料库来代表语言的整体情况，但可以用对比语料库。当我们有参考或对比语料库时，就能够比较所研究的语料库中单位词频 f、所研究语料大小 t 与对比语料的词频 F、对比语料的大小 T。根据这四个要素（f，t，F，T）能够建立一个列联表，计算我们所观察的单位出现的次数和其他单位出现的次数，然后计算边际值，使用这个列联表能够体现特性分析度量。也就是说，能够通过其他参数，例如 t，F 和 T 获取词频 f 的数值。

有好几种特性分析度量，萨莱姆教授之前跟你们谈到的那个是基于拉封在 1980 年提出的超几何定律，在英语中这个度量有时被称为“keyness”（关键性），实际是一个单词被视为关键字程度的度量。然后，另一个度量也能给出非常相似的结果，它是由邓宁（Dunning）在 1993 年提出的类似对数的简化似然比。在 AnaText 中计算的是似然比，它比超几何定律更简单。AnaText 计算的是频率，不是根据词性（名词、动词、过去分词等）进行切分，而是按照特性递减排序，这样有一些非常精细的词语会突显出来，但其词频不一定是最高的。我们看“coron”（矿工宿舍）这个词，它不是最高频的，但看到这个词就能立刻锁定“矿场”这个主题，即这种更专业的词语，词频不高，其出现是因为它们与参考语料库中的词频形成了对比。

事实上，这种特性测量方法对识别主题中具有专业性的词很有用。特性分析具有以下优点：能够显示出那些词频不高但具有特性的词，如“coron，berline，terri”（矿工宿舍、矿车、废石堆）等；能够根据特性的一致性将不同性质的词语汇集在一个表格里，比如在同一个表格里的 2 个动词“crier，pendre”（喊、挂），是小说体裁的常用词，但我仔细观察了一下，“pendre”这个词有一个标记的小错误，它和介词“pendant”发生了混淆，因此有检验的必要性。特性分析还能突出与对比语料库相关的其他特性维度，例如，“estaminet”（小咖啡馆）这个词，它在小说主题中不占重要位置，但它仍然具有某个时代、某个地区的特征，因此，这类词体现的不是文章主题特性，而是时空特性。我们通过提取词频看到的是通过词性分组呈现的词汇，或是特性分析之后进行的排序，这样我们能够识别不同类型的特性，如主题特性（文本讲的是什么？）、文体特性（写作风格是怎样的？）、体裁特性（文本属于哪种体裁？）、历时或异地域特性（对比语料是否与另一个时期或与研究语料的地域平行）等。

接下来我要说的不再是频次分析，而是搭配分析。根据英国语境主义的传统，在此引用一下弗斯（Firth）的名言：应该通过语境了解词语（You shall know a word by the company it keeps）。可以通过计算单词周围的共现来表征其邻域，即出现在上下文中的词汇单位。为此必须执行两个操作：首先定义一个共现空间，然后筛选出具有代表性的共现。要知道共现空间是非常多变的，这是一开始就要做的选择。例如针对"soleil（太阳）"这个词，可以只提取毗邻共现成分介词"au"和","，但是这样的语境有一定的限制。计算共现时经常做的是定义一个固定的窗口，前后有一定数量的名词，例如定义了一个向前和向后跨度各为5的窗口，找到了以下共现词语"route，la faim au"（马路、饥饿）和"，soufferte avec la joie"（喜极而泣）。我们还可取整个句子，这样会找出其他共现词语，如"hésitation，malaise，liberté，route，faim，joie，maître"（犹豫、不适、自由、马路、饥饿、快乐、主任）等。当然还可以提取整段话，这样会得到一系列同位义素，它们能够突出重复出现的义素。这里有两个系列的同位义素，一个围绕"joie（快乐）"表达积极想法，另一个围绕"érasé（受伤的）"表达消极情绪。

可以看出，由于共现空间的差异，观察到的语言现象是不同的。如果观察的是毗邻词，那么看到的是结构搭配，如限定词 + 名词、代词 + 动词、句法依存关系等，或意义搭配，如光芒四射的太阳（soleil radieux）；在段落中可以看到语义复现和同位义素现象；在文本中则可以看到语义复现现象。

需要指出的是，除了这些表面上的共现以外，我们还要看看如 Sketch Engine 中展示的句法共现，即根据依存关系形成的句法共现。比如，在这句话"Le soleil venait tout juste de pénétrer sous les acacias du chemin."（阳光刚刚透过金合欢树的枝叶，洒在路面上。）中，"soleil"（太阳）和"pénétrer"（穿透）之间有一些其他词语，但是通过句法分析可以看出两者之间有直接的依存关系，这些句法共现的计算能够体现结构搭配和意义搭配的共现。

建立共现空间后，我们将通过计算关联度量来筛选共现，有四个值：f12 是 1 和 2 共现的语境，f1 是含有词汇单位 1 的语境，f 2 是含有词汇单位 2 的语境，N 是语境总数。上下文语境就像我们刚才看到的那样是非常多变的，这样就能计算出一个新的列联表，可以实现非常多样化的计算。事实上，文献中有很多测量方法，其中非常有名的有 PMI、log-like、t-score 等。有些方法适合提取固定表达，有些适合提取结构、常见搭配，另一些则适用于低频搭配，例如，PMI 会突出显示相当罕见的单词之间的组合搭配，而 log-like 倾向于突出显示高频搭配。

Lexicoscope 提供两个计算值，分别是 log-like 和 PMI。如果用 log-like 寻找“longue”（长的）的共现词，会发现很多“le，de，et”这类词，还有两个实词“haleine，respiration”（喘息、呼吸），所以先看到的是结构搭配。如果用 PMI 进行分析，可以看到“haleine”（呼吸）这样的低频词出现在最上面。我们查看文本就会发现，此处不涉及固定表达“de longue haleine”（长长的呼吸），而是左拉写作中反复出现的将采矿机比作怪物的表达。

如果想要提取更长一些的语言序列，如复现语段、常见配对（n-gramme）、浮现要素以及模型分析，有不同的技术用来提取，包括安德烈·萨莱姆之前介绍的复现语段，勒嘉洛瓦（Legallois）的浮现要素，以及克莱夫教授和图廷教授的词汇句法树（ALR）等。我们用 AnaText 分析《萌芽》得到了“du pain! du pain!”（面包！面包！）等复现语段，其中有一些零碎和多余的内容，也就是说，同一个序列能够产生几个重复的子片段。这种类型的提取切分了子片段，每个子片段对应不同的窗口，可以将子片段一分为二。

通过复现语段能发现不同的语言现象，能找到反复出现的固定语句，如“Il y eut un silence，haleine longue et grosse”（寂静了一会儿、冗长而沉重的喘气），还能找到一些比较固定的表达，如词组“donner un coup d'oeil，avoir l'air de”（瞥一眼、看起来）等，复合介词“d'un bout à l'autre de”（从一头到另一头），一些口头短语片段“qu'est-ce que ça! Ah! nom de Dieu”（这是什么啊！天呐）。

浮现要素是较多维的序列，一个浮现要素既可以是词汇单位，也可以是形态句法类别、语义类别等不同类型的组合。此外，浮现要素可以包含空格，比如“*des plus que”是诗歌类语料特有的浮现要素。勒嘉洛瓦确定的另一种多维模式是结合工具词和词性，比如“le ADJ NC de le NC”（“定冠词 + 形容词 + 名词 + de + le + 名词”形成的共现语串），通过这些比较可以确定这样的浮现要素是巴尔扎克作品的典型要素，如“les absorbants travaux de l’intelligence”（耗费智力的研究）等。

当搜索由词语和形态句法约束的标记序列时，可以构建一个能识别语料库中可变序列的搜索。我在 AnaText 中搜索“le ADJ NOM de le NOM”，结果中出现了很多类似“les mauvais esprits de la mine”（煤矿里的坏人）的结构，但这不意味着这种模型是高频的。要了解这个主题的特性，必须将其与左拉的其他作品和其他作者的作品进行比较。寻找模型的有趣之处在于，它能让我们提出关于某些现象普遍性的问题。例如，当看到“haleine longue et grosse”（冗长而沉重的喘气）时，我会想到左拉是怎样强调这个反复出现的固定语句，我想知道这个反复出现的固定语句是否有可能发生结构上的变化，有模型就会有变化。所以我做了另一个搜索，以“grosse”（粗重的）为轴心，寻找“haleine”（喘气）以外的名词和“longue”（长的）以外的形容词，即一个类似“NOM gros et ADJ”（名词 + 重 + 且 + 形容词）的查询条件。我们在语料库中找到了一些变体，比如“respiration grosse et lente”（沉重而缓慢的呼吸）。当我们回归文本分析以寻找它所对应的内容时，会发现这同样是对“食人机器”的隐喻。就是这样，模型使概括和收集其他语例成为可能。

现在我来做一个小总结，来展示这些工具是如何运行的。这些统计工具的使用具有双向性，结合了质性分析和量性分析。我们进行的特殊观察引导我们走向普遍规律，走向归纳活动中的一般假设，然后进行反向操作，从一般假设出发，借助大量数据验证假设是否成立。对我们来说，观察统计数据（例如同时出现的统计数据、重复片段的统计数据）以及最终回到文本以便解释这些现象是很重要的。有些现象可以从计数标准中得出，但我们最终必须搞清楚这些观察的条件是什么，这可以说是所有观察的基础，是构建语料库时必须思考的问题。如何确定语料库？进行特性计算时，我们将语料库与什么进行比较？这就涉及语料库组成的全部内容。

我们已经看到了各种工具的功能，例如：允许返回至文本的逐词索引、分级索引，频次计算、特性和离散度计算（离散度能展现一个现象是否被定位，是否以均匀的方式分布在语料中），共现、常见搭配和语段复现，模型搜索等。我向你们展示了 AnaText，还有像 TXM 这样的工具，这是一个非常完善的工具，还有一个非常有名的逐词索引器叫作 ConcQuest。

此外，选择语言理论或所谓的切割标准对预处理来说很重要，而且我们需要关注不同类型处理的注释层面，但如果只有标记是一个重要的选择，它会影响很多事情，所以要时刻注意这些事情。

现在我演示一下软件的操作运行。我将使用《萌芽》这本小说作为演示文本。AnaText 的界面很简单，原则上在搜索引擎上输入 AnaText 就会显示出来，网址很容易找到。找到网址后，我们复制并粘贴文本，这里我已经粘贴了整部左拉小说，还须指出它是哪种语言。Anatext 有一些可用的语言，很抱歉我没有把汉语放在里面，它还需要完善。我需要一个标注工具和一个参考语料库来进行语例的统计。输入文本后就可以启动分析。这是一个相当庞大的文本，AnaText 不是用来处理大容量文本的，这不是它设计的初衷。所以我不打算处理超过一本小说的内容，因为处理文本所需的时间太长了。原则上应该需要 15 ～ 20 秒。计算完成后，会在一个新窗口中加载结果，图 4 是正在处理中的文件。

AnaText的基本统计数据包括计数、句子、标记、一些可读性指标。这是一个更易读的文本，因为每个句子的单词少，单词也短，因此可以统计比较文本的可读性。然后词汇统计可以计算不同形式的数量或不同原形的数量。具有特性的词元列表，按特性降序排列词元，它是在参考语料库中计算出来的，我给出了相对频率，该频率可计算出每个语例的出现次数。这个参考语料库是我在 Lexique.horg 项目中重复使用的语料库，它包含了电影字幕，试图捕捉口语和 FranText 作品中的高频词。这个语料库并不是十分完整的，通常情况下，建立语料库时，我们会尽可能使其包含更多不同体裁的文本，这个语料库没有包含很多体裁，主要是文学作品。但是它仍然能够很好地展现专有主题词汇，如“coron，mine”（矿工宿舍、煤矿）等，因此能够体现出文章的主要词汇场。词元表后面是频率数据，有很多词类。这是一个统计配置文件，可以在特殊的专业文本和具有普遍性的文本之间进行比较。

图 4　AnaText 操作界面展示

对不同语料库进行比较尤为有趣。AnaText 提供了词汇量的增长曲线，比如，随着小说的推进，一开始词汇量增长很快，但是后面这个增长是渐缓的。所有的文本都有这种类型的轮廓，这非常普遍。另一方面，如果我们比较两个文本，某些文本的曲线会随着词汇量的急速增加而在较高处，而其他文本会随着词汇量的缓慢增长而在较低处，由此可以看出词汇量的丰富程度。如果一个文本运用了很多不同的词汇，就会看到一条较高的曲线。

不同的词性和言语形态的分布数据对描述叙事体裁很有帮助。如果出现了很多简单过去时，就可以很好地表明文本属于叙事类型。然后是根据词性分类的不同词元表，比如形容词性的词元表能体现它们所涉及的主题和风格。

要谨记始终要返回文本进行分析阐释，同时还要注意结果是否有误。如果副词都是一些常见词，没有携带很多的词汇信息，可能需要更深入的研究才能发现有趣的现象。

接下来是逐词索引和共现。以共现为例，如果我输入“rouge”（红色的），会得到一个其共现词语的 log-like 降序表格，还可以用 PMI 排序。还能看到其在文本中的位置，这很有趣，可以确定该词是否有良好的分散性。以重复片段为例，“du pain du pain du pain!”（面包！面包！面包！），所有语例都出现在同一段上下文中，实际上这种表述是矿工在喊口号示威。关于模型索引，要先建立查询对象结构，比如“NOM gros et ADJ”（名词+大的+而+形容词），可以将词语和标签混合到一起。

以上是对处理工具的简单介绍，谢谢！

第十五篇

语言课堂语料库的使用

讲座时间：2021 年 11 月 25 日
主讲人：克里丝特尔·卡瓦拉（巴黎第三大学）
译者：轩园园（北京语言大学）

主讲人简介

克里丝特尔·卡瓦拉（Cristelle Cavalla），里昂第二大学语言学博士，曾任教于格勒诺布尔－阿尔卑斯大学（2003—2013），现为巴黎第三大学对外法语教学法系主任、教授、博士生导师，语言、文本和文化教学法（EA 2288）实验室以及语言科学（ED 622）实验室成员。在对外法语教学法方向，主要研究对外法语教学法、专业法语、专门用途法语、语言课堂中的语料库；在语言学方向，研究词汇学（主要是情感和科学主题词汇）、语义学等。参与撰写专著3部，包括评论著作和翻译著作；发表学术论文 50 余篇。

译者简介

轩园园，北京语言大学法语系 2021 级硕士研究生，研究方向为法语语言学、篇章分析。

讲 座 正 文

我是克里丝特尔·卡瓦拉，是巴黎第三大学的教授、研究员。我的研究方向为情感和科学主题词汇的常见搭配，在研究中有时候会借助语料库。今天我将和大家一起讨论语料库，并着重介绍在语言课堂教学中选择语料的标准。

首先，我们来听一段法国哲学家米歇尔·塞尔先生对一次学术会议的总结："我想用一个不好听的词来总结这次会议——一场灾难。新技术注定了我们要变聪明，我们已经变聪明了，也就是说我们有知识、有想象力等。是的，我们注定要变得富有创造性，变得聪明，也变得透明。但同时，我们远离了知识，失去了想象力，失去了认知能力，我们只剩下创造力。这对于缺乏逻辑的人来说是一场新的灾难，但是对于需要创造新工作方式的新一代人来说是值得兴奋的。"

我认同米歇尔·塞尔先生的观点：我们都需要想象力。正如这位哲学家所说，我们面前有很多知识，现在我们必须思考如何使用、编辑、分类储存这些知识中的信息和数据。大量的信息和数据并不新鲜，我们也有技术进行处理——语料库。语料库的使用由来已久，电脑现在也非常普遍，尽管它还有待进一步发展以更好地满足我们的需要。今天我们要讨论的问题是如何在语言课堂中运用语料库，如何让语料库适应教学。在这个问题上，想象力是非常重要的。因此，我们必须要有想象力。对于一个语言教师来说，想象力就是要在语言课堂上使用新的工具来助力教与学的发展。这正是本次讲座的落脚点。

亚历克斯·博尔顿（Alex Boulton）先生曾在2018年写了一篇文章，他非常遗憾语料库缺席语言课堂，认为不应该只有研究员使用语料库。思想家维果茨基（Vygotsky）和皮亚杰（Piaget）让我们明白了团队工作能激发想象力和创造力。因此，这项研究可以由多个人共同开展。今天我要给大家介绍的正是我的许多博士与硕士的研究成果，他们思考了怎样使用语料库，帮助收集了很多资料，我们一起进行研究，最终得到了这些成果。因此，今天的讲座将围绕以下几个问题展开：

1. 什么是语料库，特别是语言教学语料库？

2. 为什么要将语料库引入语言课堂？

3. 如何将语料库引入语言课堂?

4. 作为教师，如何为语言课堂选择语料库?

5. 语言课堂选择语料库时有哪些标准?

现在，我们开始讨论第一个问题：什么是语言教学语料库？我并不是信息技术专家，而是语言教师和语言学家，所以我只是语料库的使用者而不是创建者。但作为语言教师和语言学家，我参与了其创建过程。因此，我们可以讨论什么是语料库。对语言教师来说，重要的是知道语料库的创建过程及其包含的内容，所以我们不会进入到创建语料库的技术细节。

首先，我们讨论一下语料库的创建过程。语言教师可以选择小说、报刊文章、科技文章或音视频文件作为材料。因为我主要研究的是书面语料，这里主要讨论这一类型的语料库。要选择的是完整的小说、报刊文章和科技文章，而不是节选。然后，技术专家和从事自然语言处理的专家会用电脑处理这些完整的材料。

接下来语言教师和语言学家要做的是语料分类。这是创建语料库的第二步，即根据先前定好的语言规则，从语言学定义出发对语料进行分类。我们常用法国语义学家弗朗索瓦·拉斯捷（François Rastier）提出的一些定义。我给大家举个新闻话语的例子。我们知道新闻话语有不同的题材，这里的"题材"是指弗朗索瓦·拉斯捷先生的阐释语义学对题材的定义，例如新闻话语中有经济、政治、社会、文化等题材。这时候我们要问自己需要什么，例如是只希望语料库收录这些题材，还是希望可以在语料库中检索不同题材的文本?

我们做好分类后，就到了创建语料库的最后一步：提取文本 / 创建索引，即在语料库中提取语言课堂所需的内容。这一步仍然需要技术专家介入。在他们的帮助下我们要思考在这些文本中可以进行怎样的查询，例如，根据需要在新闻语料中查询文化题材的文本。这一问题对于学生甚至有些语言教师而言比较难理解，因为我们提取到的只是语言片段，看不到整个文本。例如在语言教学语料库中，我们最终看到的都是小说、新闻文章或科技文章的节选，而不是整部小说。我们来看一个例子，我在语料库中提取了"le monde d'après…"（后……世界）这一短语。不知道在中国有没有这样的说法，从疫情发生以来法国很多新闻从业者都会说“le monde d’après”（后……世界），比如，“le monde après le Covid”（后疫情时代）将是怎样的呢？我在语料库中找到了很多使用这个短语的例句。从语料库中提取这一短语的工具叫作“Concordancier”（检索器）。现在，在我们的电脑上这些例句被分为三部分，中间部分是我们检索的内容，也就是“le monde d’après…”这一短语，左边和右边分别是这一短语前后的内容。如果我点击中间部分，还可以看到包含这一短语的整段内容。这是 Lexicoscope 语料库中的一个例子，可能在之前的讲座中奥利维埃· 克莱夫已经给你们介绍过这个语料库了。

所以，提取一些语言片段后，可以获取相应的信息，例如含有这一片段的整段文本、语料的日期、语料库包含的词汇数量等。如这部分 Lexicoscope 语料库中包含了 4000 万个词，这些信息对于研究都是非常重要的。通过 Lexicoscope 可以看出语料库语言学的潜力，因为我们可以在语料库中存储 4000 万个词，这是个很庞大的数目。语料库使用者需要知道语料库的内容、类型和语言连贯等信息。在这一步中语言教师、语言学家和技术专家的合作非常重要，因为当我要提取文本时需要技术专家的帮助。因此，语言教学语料库的创建需要合作完成。这就是我要向大家介绍的关于语言课堂语料库的内容。

现在我们来看第二部分：为什么要将语料库引入语言课堂？首先，在内容方面，语料库是大型的语言样本，包含成千上万的例子。英国语言学家辛克莱（Sinclair）曾提到这一点，并且最早创建了英文语料库。我们现有的法语语料库如 Leipzig 语料库包含 15 亿个词，以及我们刚刚提到的整个 Lexicoscope 语料库一共有 7 亿到 8 亿个词。所以，语料库对于语言的教与学会有非常大的帮助。我刚刚提到的语料库都是免费的，语言教师和学生都可以使用。我们可以从中找到一些特定词汇的例句、用法和表达方式，然后用于语言学研究。当然对于语言的教与学来说，情境化有助于记忆语言元素，助力语言学习。

语料库还有另一个优点：我们可以通过它发现一些短语和词汇的使用特点。这些特点有时候操母语的人也不会发现，因为他们往往通过直觉使用语言。我们来看两个出人意料的例子。第一个例子是罗伊 · 克莱恩（Roy Crane）曾在一篇论文中研究“par exemple”（例如）这一短语，发现它在科技文章中使用广泛，但在新闻文章中却很少使用。第二个例子是基于 Lexicoscope 语料库所做的研究，我们在该语料库的 3 亿词汇中搜索“bras”（胳膊）一词的用法。作为母语者我们都没有发现的是，这一词语大部分用于一些固定的短语，而不是被用来表达四肢中的胳膊。如“le bras droit”（左膀右臂）、“bras de fer”（铁腕）、“un tour de bras”（用力）等。我们注意到这一语料库收录的是新闻话语，这是很重要的，如果我们研究一个由医学文章组成的语料库，“bras”（胳膊）一词肯定会被作为“手臂”来使用或是出现在一些其他表达方式中。

我向大家展示的这几个语料库都可以在网上免费下载，这对我们所有人都很有帮助，尤其是学生。我们可以免费使用 Lexicoscope 语料库和 Leipzig 语料库，还有免费的口语语料库如 IPFC 语料库等。无论是书面语还是口语语料库，都能够帮助我们发现语言现象，我们也能越来越容易地获得这些语料，以便独立进行语言的研究与学习。

在教学方面，语料库可以助力我们发现语言现象，所以语言教师可以培养学生自主使用语料库来进行学术研究。这也是我在教学工作中所做的。以上就是我们要将语料库引入语言课堂的原因。

现在我介绍一下如何将语料库引入课堂。如何做是语言教师需要思考的问题，在课堂上使用新工具有时候并不容易。我们有语料库和其他工具如电子词典、翻译器等，要落实到教学上帮助学生使用它们。现在，数字化工具已经像手机中的应用程序一样普遍，这是很好的。我确实看到了过去 20 年来这些工具的发展，20 年前它们很难使用，现在使用起来简单方便。此外，法语还是一种日常的语言，因为我们可以从当下的交流中选择语料。所以，学生的日常交流也会立即丰富我们所教的这门语言。

如何引导学生发现这些语料？我会向大家介绍两种方法，可能通过这两种方法你们也会有一些其他思考。第一种方法是从学生已有的能力出发，尤其是上网搜索的能力。例如，我们可以让学生在浏览器中搜索一个例子，它会向学生提供很多网址，对他们来说很难甚至不可能从所有网址中提取出所需要的内容，因为太多了。并且他们点进一个网址后，还需要在里面寻找需要的例子，这些过程会花费太多的时间。这时候就需要教师帮助和引导学生提出问题，以便进行更精确的搜索。我们要问学生具体要找什么，例如在进行学术写作时，学生们经常回答说他们想知道如何提出研究假设，或者如何引用。而且，这些内容在浏览器中是无法找到的，那么我们要向学生展示语料库，帮助他们从中提取所需内容。

在语言课堂上主要有两种方法来使用语料库学习和分析语言。这两种方法分别是“语料库驱动法”（Corpus-driven）和“基于语料库法”（Corpus-based）。尽管博尔顿（Boulton）和泰恩（Tyne）还提出了一种方法：“基于语料库学习法”（L’apprentissage sur Corpus），但其实是以上两种方法的结合，所以我认为并不是第三种方法。

在语料库驱动法中，语料库使用者查找语料库中的内容，这种方法也被称为“数据驱动学习法”（Data-driven learning）或“数据引导学习法”（Apprentissage guidé par les données），可以说这是一种归纳法。在基于语料库法中，语料库的使用者知道要查找的内容，他们把语料作为一种验证手段。我刚刚向大家展示的研究“le monde d’après …”这一短语的例子就运用了基于语料库法，即在语料库中寻找使用这一短语的例句，这是一种演绎法。博尔顿和泰恩提出的基于语料库学习法正是这两种方法的结合：语料库的使用者明确知道要查找的内容，然后从语料库中进行查找学习。这种方法会根据课堂需要交替使用语料库驱动法和基于语料库法。

那么，具体怎样运用这两种方法将语料库材料引入语言课堂呢？具体来说，当我们从主题、语义切入教学时会使用语料库驱动法，也称为“从义到词法”（approche onomasiologique）；从词汇切入教学时会使用基于语料库法，也称为“从词到义法”（approche sémasiologique）。我会从这两种教学的切入点具体给大家介绍什么是“从义到词法”和“从词到义法”。从主题、语义或词汇切入进行教学都有直接和间接两种方式来使用语料。所谓间接方式是指教师通过拍照、复印语言材料给学生，这样一来学生不需要面对众多的语料，可以直接使用教师选择好的材料。相反，直接方式是指让学生坐在电脑前自己找语料。

大家都很熟悉从主题或词汇切入进行教学的方法，对外法语教学的教材中一定会用到这两种方法。“从义到词法”就是从主题切入教学，例如我想知道有哪些词可以用来谈论一个主题，大多数法语教材的第一课是用法语表示问候这一主题。我知道有两种主要的问候方式，可以说“bonjour”（您好）或“salut”（你好），然后再学习“bonjour”是正式场合的问候方式，“salut”用在非正式场合中，这是“从义到词法”。但现在我着重强调每一个词，例如什么时候可以用“bonjour”这个词，就需要用“从词到义法”，也就是说要从词汇切入进行教学。与“从义到词法”相反，“从词到义法”的问题是这个词可以用在什么主题中。我们还以打招呼为例，我先思考怎样用法语打招呼，然后知道有“bonjour”这个词，我会在语料库中查找这个词，找到在哪些句子或哪些更多的场景中使用这个词。这就是“从词到义法”。

事实上，这两种方法是互补的，通常情况下我们不能只使用一种方法。或者运用“从义到词法”，从主题切入进行教学，然后看看这一主题的词汇是怎样使用的，就过渡到了“从词到义法”；或者使用“从词到义法”，从词汇切入进行教学，然后再查找这个词用在哪些主题中，就过渡到了“从义到词法”。

对于语料库来说，这两种方法都是可行的。而实际上，在语料库中很少有系统的“从义到词法”，即通过主题在语料库中搜索材料，这在技术上很难实现，因此这种方法在语料库中并不常见。只有Lexcicoscope和ScienQuest语料库能实现一定的这种搜索。ScienQuest语料库是一个科学文章语料库，是由阿涅斯·图廷建立的，奥利维埃·克莱夫也参与了其创建。相反，“从词到义法”被广泛使用，几乎所有的语料库都用到了这种方法。

我们回到如何将语料库引入语言课堂这个问题上。实际上，教师要做的是引导者，引导学生使用语料库这一工具。尤其是当教师使用直接方式引入语料时，让学生自己坐在电脑前寻找语料。但在间接法中，教师也要引导学生阅读和使用工具。在教学法层面上，我们注意到，如果在课堂上提前给学生提供一个检索器，他们会用不同的方式来使用它，例如查找一个词在句中的作用。一般来说，一旦学生习惯使用这种类型的工具，我们就可以很容易地让他们使用电脑自己寻找语料。学生在A1、A2水平时就可以做到这些，A1水平的学生也可以找到很多语料来学习。重要的是要知道有不同的语料库适合不同水平的学生研究学习，从A1级别就可以使用语料库。因此，我们的目的是让学生自己寻找语料。我们发现语言水平越高的学生越能够达到这一目标，他们能更好地从网上找到无论是书面语还是口语的语料。相反，对于A1、A2水平的学生，教师需要给他们更多的引导。

通过以上方法把语料库引入语言课堂主要有三个目的。一是让学生了解有这些工具，并掌握其使用方法，无论学生的语言水平如何，他们学习使用工具所需要的时间几乎都是一样的，因为这种学习与语言无关。我前面已经说过这些工具更像是手机中的应用程序，所以总体来说，不同语言水平的学生在工具学习上都不会花费太多时间。以前要完全掌握这些工具的操作方法要花费更长的时间，而现在的学生所需的时间越来越短。二是让学生学会根据自己的需要提出问题。作为学生，提出关于语言的问题有时候并不容易。学生们可以提出一些词汇学、语义学问题，或需要写某样东西，这样的问题比较容易回答。教师可以在词义、词汇或句法问题上给他们提供更多帮助，有时候还可以借助语料库。我们注意到学生会渐渐掌握工具，尤其是掌握如何从语料库中提取所需的材料，这要花很长时间去学习才能真正掌握，所以教师需要给予指导。根据需要把工具进一步工具化，这是我们的第三个目标。学生不按照工具原来的使用目的去使用它们，创造新的使用方法，我觉得这在学习中是非常有趣的。所以学生可以在语料库中找到需要的答案，并且很快将工具根据需要进一步工具化，这有利于教师的进一步教学，同时对学生也有好处，他们可以学会自主使用工具去找他们感兴趣的东西。

那么，怎样选择语料呢？我们需要思考很多问题，但这些问题并不是伴随着语料库出现的，而是我们作为教师要将原汁原味的语料库引入课堂时需要思考的。可能我们也会思考有没有完全针对语料库的问题，但首先要考虑的是要在课堂中引入什么样的语料？书面的还是口语的？还要考虑语料的题材，正如我之前提到的，语料有不同的题材，新闻语料、文学语料、科学语料以及政治话语语料等，例如，收录了欧洲议会文章的Lexiqum语料库。我们缺少的是专业语料库，所以如果你们想做这方面的研究，我希望可以创建一些这样的语料库。你们知不知道“专门用途法语”（FOS：Français sur objectif spécifique）？我们现在有越来越多针对不同职业的教学需求，但是却没有针对某一专业领域的语料库，或者大部分这样的语料库是需要付费的，这是一个很大的问题。我知道中国的一个博士生写过一篇很好的博士论文，他运用烹饪领域的语料库研究烹饪词汇，原本并没有这样的语料库，他自己创建了一个这样的语料库。克莱夫把他的语料库上传到了网上，收录到 Lexicoscope 语料库中。这位博士生创建的语料库是一个兼有口语和书面语的语料库，因为其中包含了烹饪视频及菜谱，这正是我们所缺少的，所以如果你也在思考论文主题，这样的论文我会非常感兴趣，你们也可以建立一个专门用途法语的语料库。

语料的时间问题也是非常重要的。我们可以做共时研究，研究 20 世纪的法语；也可以做历时研究，研究 18 世纪甚至更古老的法语。有一个语料库收集了自 14 世纪以来的法语，叫作 Frantext 语料库，但它不是免费的，大学可以订阅该语料库。这是唯一一个收集古法语的语料库。值得庆幸的是我们现在有越来越多的语料库收集 20 世纪和 21 世纪的法语文本。我们常看到它们有时被用于比较政治话语、社会新闻话语的演变研究，我认为这样的语料库本身没有足够古老的文本来做演变研究，但是这些语料会逐渐变成古老文本。有一个叫作Lextutor的语料库，其设计者是汤姆·约翰（Tom John），该语料库收集了法语《世界报》自 1998 年以来的新闻文本。但是 1998 年其实是 20 世纪，所以这一语料库也不适合做历时研究。虽然这个语料库收集了一些相同主题的时事新闻文章，但是将它们和现在同一报纸上同一主题的新闻文本做比较也并不合适。语言学家很少会做这样的对比研究，这更像是初学者做的。

除此之外，在选择语料时我们还要考虑语言差异，这也是非常重要的。我们知道法语口音会有差异，有人说魁北克法语，有人是瑞士口音或比利时口音，当然还有非洲口音的法语。即使是在法国本土，南北的口音差异也是很大的。现在有越来越多的口语语料库收集了不同地区人的录音。对于书面语语料库也是一样的，我曾研究过撒哈拉以南非洲法语地区的新闻话语，Varitext 语料库收集了相关文本。我们发现不同地区的书面法语也是有差异的。

接下来要考虑其他的问题。比如说话人或书写者是母语者还是非母语者？我们可以从语料库中提取哪类语料？语料中是否可以进行检索？通常情况下我们需要检索器。语料库是否可以提供很多不同类型的数据？这也是很重要的，并不是所有的语料库都可以提供数据。Lexicoscope 语料库可以提供很多有趣的数据，例如词语的分布数据，即一个词语更常出现在语篇的引言还是结论中，还有一些其他诸如此类的数据，在做研究时这些数据非常重要。

我在这里给大家介绍一些免费的语料库供大家使用。书面语料库有ScienQuest、Lexicoscope、Lexiqum、Lextutor、Ortolang、Varitext、Webcorp、Leipzig Corpora Collection。口语语料库有ESLO+ESLO2、Floral-PFC、FLORALE、CEPP2000、CLAPI、CRFP、C-ORAL-ROM、Fleuron。这些语料库都是免费的，大家可以看到没有Frantext，因为它并不是一个免费的语料库。

接下来我们来看一下语言课堂语料的选择标准。语料库是新闻话语语料库、文学语料库、科学语料库还是口语语料库？是否有转录原文？出自母语者还是非母语者？这些都是选择的标准。我们还可以选择不同大小的语料库，语料库越大越具有代表性，语料库越小越具有可操作性，要根据课堂需要进行选择。此外，语料的日期、书面语料的书写者和口语语料的说话者及其年龄（即他们是成年人、青少年还是儿童？），是否能够说多种语言？这些都是重要的选择因素。例如我们可以想到一个操五种语言的人会有的一些错误表达。

我所期待的是，这些选择标准被总结在一个选择框内，它可以根据教师勾选的选择标准推荐相符的语料库，如果能实现这样的技术将是很好的。例如我想要书面语料库并且是由21世纪的科技文章组成的，还希望语料库是免费的，最后弹出了符合我选择标准的TermITH① 语料库。这一语料库是由阿涅斯·图廷创建的。

同样对于口语语料库，我可以选择语料的录制方式、语料是否有转录原文、是否是当代的口语语料以及是否免费；我也可以选择口语语料是录自成人还是青少年，如Orfeo语料库收录了来自世界上不同地区的人的录音。

最后，我们进行一下总结，在20世纪末，因为学生没有电脑，我们主要通过间接方式，依靠复印、拍照来将语料库引入课堂，我们有了检索器后，开始在语料库中大量检索。因此，以前我们不能使用语料库驱动法进行研究，不会直接让学生坐在电脑前寻找语料，不能用“从义

① 语料库全称为“Terminology and Indexation of Full Scientific Papers in Humanities and Social Sciences”，直译为“人文社科论文全文术语与索引”。——译者注

到词法”在语料库中通过主题搜索材料，不能使用演绎法使用语料。

现在，技术已经有所发展。到了 21 世纪初，我们通过直接方式将语料库引入课堂，越来越多的学生可以直接坐在电脑前使用语料库这一工具。此外，学生对这一工具掌握得越好，越能助力他们做研究、理解并思考语言问题。

未来我们会怎样使用语料库？正如讲座最开始哲学家塞尔先生所说的，我们需要想象力来探索新的工作方式，越来越多的学习者会将这一工具进一步工具化，因此学生会更自主地使用语料库。

以上就是今天讲座的全部内容，谢谢大家！

第十六篇

篇章词量学视角下的序列文本分析

讲座时间：2022 年 5 月 12 日
主讲人：安德烈·萨莱姆[1]（巴黎第三大学）
译者：张彤宇（北京语言大学）

译者简介

张彤宇，北京语言大学法语系 2021 级硕士研究生，研究方向为法语语言学、篇章分析。

讲座正文

今天我要谈的是序列（历时）文本。你们一定记得我在上次讲座[2]中讲了文本语料库的量性研究，谈到了不同领域的语料和相应的研究方法等。而这次要讲的序列文本，是那些不同时期产生的语料，也就是按照时间的先后顺序被创作出来的语料。对于此类语料的研究有一些更有意义的研究方法。

① 主讲人简介见第 81 页。

② 指的是安德烈·萨莱姆教授于 2021 年 10 月 28 日在北京语言大学的系列讲座第一讲，具体内容见本书第 81 页第十二篇《文本语料库的量性分析：使用领域、问题及手段》。——译者注

首先对上次讲座进行一个回顾：在上次讲座中，我笼统地提过可以统计文本的词汇数量，并对统计结果进行分析，例如在一些工会代表大会的发言中我们可以看到“travailleur”（劳动者）和“salarié”（工薪者）这两个词的使用频率随着时代的演变会有所不同。上次的讲座，我也曾经讲过，有些处理“方法”不算是真正的科学研究方法。例如“词云”的制作，“词云”的制作者实际上是在投射他们自己的认知，而对理解文章并没有帮助，所以“词云”不能算作一种研究方法。我用一个示意图来展示何为计算机分析。如图 1：

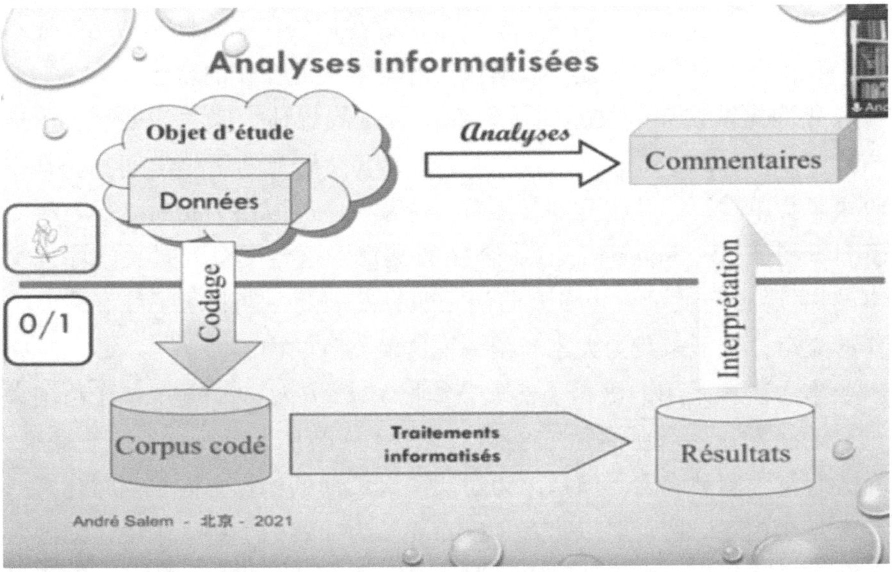

图 1　计算机分析流程

图 1 上的横线切割出的是人类世界和计算机世界。在两个不同的世界，0 和 1 分别代表研究对象的真假。从研究对象到最后的评论阐释，这中间需要将数据输入到计算机世界，对其进行处理，然后得到所需的自动化统计结果，最后得出对这些结果的阐释。统计研究的对象是事实现象，是对其相关数据结果进行收集、处理、解读和介绍，以便让所有人都可以理解这些数据的含义。因此，统计既是一门科学，又是一种方法，还是一系列的研究技术手段。

一般来说，篇章词量学的研究中会涉及一个方形表格，以语料《爱丽丝漫游仙境》的表格为例，每一部分（一章）对应一列，一个词对应一行，这样每个词的词频就会被统计出来。这样的表格无疑会非常庞大，例如《爱丽丝漫游仙境》这个语料就有 390 000 个格子（30 000*13），所以还需要适当的方法来更精确地，尤其是更自动化地呈现出值得注意的格子，比如那些词频高出或低出预期的格子。这样研究单个格子的方法就是局部研究方法。还有一些宏观研究方法，例如因子分析可以比较同一章节中的不同形式，或者比较那些词汇分布图相似的章节。今天的讲座很难历数所有的研究方法，详情请参阅相关著作。对每个格子里的词的特性诊断统计完成后，就可以看到在某个给定的章节里哪些词的形式较为特殊，也就是说哪些词的词频高低与预期假设不符。我将为大家介绍一款可以又快又好地实现此操作的软件。

我们先谈谈序列文本这一特殊语料。我想请大家关注期刊《历史与度量》（*Histoire & Mesure*），这是有关量性研究的历史学期刊。其中收录了我单独写作及我分别和缪君、达蒙 · 马雅夫（Damon Mayaffre）、赛日 · 弗勒里（Serge Fleury）合作的文章，这些文章都是关于序列文本的。《历史与度量》是线上期刊，即将发表的一期收录了我和缪君合作的文章，接下来我为大家介绍一下这篇文章的内容。

本次讲座采用的语料《杜歇老爹报》（*Le Père Duchesne*）于法国大革命期间发行，众所周知 1789 年 7 月 14 日巴黎人民攻占了巴士底狱，不久后君主制被废除。但是因为对法国大革命的构想不同，当时还有一些政党在相互对峙。对以丹东（Danton）为代表的那些人来说，法国大革命意味着产权自由，意味着可以按自己想要的价格出售物品。对于另外一些以埃贝尔（Hébert）为首的人来说，他们认为应该首先解决人民的吃饭问题。罗伯斯庇尔（Robespierre）在这两群人中间仲裁。然而这三个领头人于同一年去世，都被送上了断头台。

图 2 呈现的就是《杜歇老爹报》，它经过撰写、印刷、对折后在巴黎发行。因为这份报纸有助于鼓舞士气，所以其发行对象是军队。不寻常的是它的日发行量有时可高达 60 万份，因此《杜歇老爹报》成为了法国第一份具有现代意义的媒体，因为那时可与今日不同，每家报纸只有十几个或二三十个读者，而《杜歇老爹报》在当时可谓家喻户晓，其风格虽略显讽刺，但讨论的都是当时严肃的政治话题。

8

que dessus ma main et la France entière ne seroit plus qu'un vaste cimetière que les brigands couronnés se seroient partagés. Million de bombes, il n'y auroit plus de justice sur la terre, si un seul de ces scélérats pouvoit échapper. Le repos de la France en dépend. Que les têtes de ces brigands tombent donc vite et qu'elles servent de signal pour abattre dans tous les départemens celles des jean-foutres qui tourmentent le peuple, qui l'affament et le trahissent, foutre.

Hebert

Je suis le véritable Père Duchesne, foutre !

LA GRANDE JOIE
DU
PERE DUCHESNE.

Après avoir vu défiler la procession des Brissotins, des Girondins et des Rolandins, pour aller jouer à la main chaude à la place de la Révolution. Le testament de Cartouche Brissot, et la confession du prêtre Fauchet qui a fait le caffard jusqu'à la fin, pour faire pleurer les vieilles dévotes, mais qui, dans le fond du cœur, se foutoit autant du père éternel que du grand diable Belzébut.

Adieu paniers, vendanges sont faites; tous

305

图 2 《杜歇老爹报》示例

我们用《杜歇老爹报》作为一个时间序列历时语料。这些标签显示了页数、出版的月份等信息。处理过的语料看起来没有报纸的样式好看，但提供了语料的基本信息。这个语料包含 14 万个出现的语言具体单位（occurrences）和 11 000 种形式（formes）。20 世纪有许多相关的先验知识，但数据很少。而 21 世纪的情况则非常不同，这个时候有了信息化的资源、电子词典，数据量庞大。本人的经验是数据量的增多在 1975 年左右开始，差不多就在上述两个世纪之交。

对有时间先后序列的文本进行研究时，首要工作就是确定分析的层级（见图 3）。比如这里有一株草本植物，一个植物学家要对其进行研究，如果是在飞机上看，那这株草本就藏匿于这片田野中，也就是说在飞机上我们不会看到其他的事物。而如果是在火箭中去看，我们注意到的事物又会不一样。法国大概在这里，这里有云所以看得不太清晰。我想表达的是，在不同的层面观察到的事物是不同的。

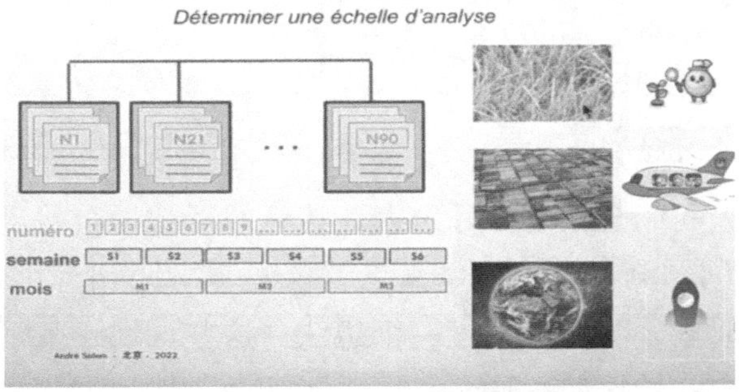

图 3　不同的分析层级

如果在发行期号层面来研究，即分开研究每一期，共 96 期，会发现某些期和其他几期呈现出了不同的文体风格。比如在一些期中"je"（主语第一人称代词）、"me"（第一人称直接宾语、间接宾语人称代词）、"moi"（第一人称重读形式）、"tu"（主语单数第二人称代词）出现频率较高，风格就较为通俗，但在另外一些期中的修辞就丰富得多，行文也更为讲究。然而，如果按出版月份来重新分组，会得到八个部分（每部分大约包含 10 期报纸），理论上，进行相关要素的时间与语言使用因子分析后，会看到词汇使用随时间变化而发生的变化。实际情况是我们确实看到了大部分月份之间呈现出的连续性，也就是说因子分析立刻将月份 1 定位在月份 2 附近，然后月份 2 又在月份 3 附近……可以看到相邻的月份距离较近，但图像中有一处反常，显示了在月份 7 发生了些什么，而这就是我们要去研究的。我们要问：为什么会出现这种情况？为什么在此月份之后没有延续之前的规律？（见图 4）

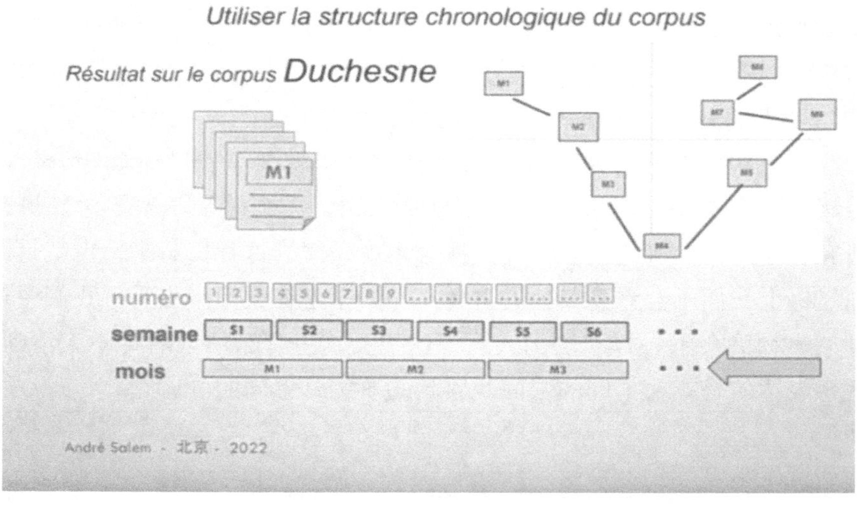

图 4 《杜歇老爹报》分析结果示例（以不同月份为单位）

比方说，我们会关心 6 月份表现特殊的形式，会找出这个月份里比较特殊的词，例如"爱国主义者""新的""阴谋论者"等。在看到这些形式的时候，我们产生了一个想法：这些词属于政治词汇，同时非常具有攻击性，比如"阴谋家"、"分裂"、"贵族"（这在当时是个论战性词汇)、“指控”等。但有些词我们也会产生疑问，比如“新的”(nouvelle)这个词，看似不具有攻击性，为什么也在此列?

对此我的假设是发生了词汇攻击性意义上升的现象。现在来尝试理解这个假设，为此需要进一步去看“新的”(nouvelle)的具体情况。看一下在月份6这一组语料中“nouvelle”的上下文。文中的“旺代省”发生过保王党反革命叛乱，这次叛乱被大力镇压了，成千上万的人因此丧命。埃贝尔说有人想塑造一个“新的”旺代省，这里的“新的”不是指“全新”，而是意味着“再一次”。也就是说这些人认为之前的反抗已经结束了，要再次发起新一轮反抗。从这种角度看，“新的”(nouvelle)就属于攻击性词语了。

研究序列文本时会关注到许多事情。例如去关注格子里的词的“特征”(spécificité)，可以拿一个格子和其他格子对比。也可以只关注语料中的一部分，将这个时期的语料和过去对比，看看有什么新的变化。还可以提取语料中的一小部分，看是否有某些形式在这个部分的频率比预期更高。

在这个特征列表(如第二部分的主要特征词汇)和按段划分呈现的语料之间存在某种二元性。我们在左边做出一个统计特殊性词汇的列表，在右边表示语料各部分的表格中就可以看到某一词语在语料中的整体表现以及这个词语在语料中的位置。反过来，选取右边表格中的某一部分，也可以建立在这一部分中呈现出特殊性词汇的列表。

回到词义攻击性上升的问题上来，我们可以看看这些攻击性词汇随着月份的推进如何表现。毫不意外，在6月份中有很多攻击性词汇。更确切地说，是在6月份的开始其出现频率较高，接着有一段较温和的时期，然后频率又有所上升。7月份和8月份也有一些攻击性词汇。

我们还可以更精准地到段落层面进行观察，观察某些段落中攻击性词汇的表现是否突出。例如6月份有一段是这样写的:

“一个把最好的爱国者称为刽子手、刺客，同时又为贵族的命运感到惋惜的人，难道不是一个阴谋家吗?他难道不是想召集所有心怀恶意的人吗?他难道不是想鼓励所有的叛徒武装起来反对共和国吗?这难道不是一个国民公会法令的反叛者吗?(……)那些虚假的爱国者，那些不知道该依附于哪一派别的流氓，他们正在试探温和派和贵族；他们在试图把消灭那些真正的追捕他们的人当成他们的共同事业。”

这一段极具攻击性。其中，一些词语被标记为攻击性词语是因为其出现之频繁；另一些具有攻击性的词，例如“ les rebelles”（造反者）、“les malveillants”（心怀敌意的人）未被标记出来是因为它们出现的频率不高。所以软件的标记为我们提供了一个研究语料的入口，先是自动化呈现数据，然后再过渡到语义研究。

这其中我们注意到了一些奇怪的现象，比如“les meilleurs”（最好的）也出现在了攻击性词汇列表中，我们可能会错误地认为：“最好的”难道不是正面的吗？接下来我们来尝试理解为什么“les meilleurs”会出现在这个列表中。对“les meilleurs”进行词语搭配检索后，我们就可以理解其原因了。我们会发现这样的结构：

负面施动者 + 带有敌意的行为 + 中心词（如“*les meilleurs*”）+ 正面施动者（指在《杜歇老爹报》中被认为是正面的施动者）

这个在语料中不断复现的模式想要表达的是：有坏人在侵害我们之中最优秀的人。从这个角度看，“les meilleurs”就是一个复现的、有攻击性的话语模式的中心词。

还有一个研究有写作时间先后的语料结构的方法是：提取每个形式表现最特殊的那部分词汇，然后尝试让软件创建一个出现时间编年（tresse chronologique）列表。通过这个列表，我们可以看到那些词汇在语料中出现次数较多的位置，例如：“贵族”（noble）这个词更多出现在文本第一部分，而“共和党人”（les républicains）更多出现在第五、六、七、八部分。所以时间链条完全是一种统计学的标注入口。

现在还有一个问题：篇章（话语）词量学的基础建立在语篇中的切词上，由此我们会认为，每次出现的同一形式都一样。但事实上可以观察到，词语在不同的上下文中含义不同。这种技术叫作语段浮现技术。我们会去观察一些词组，像“内部敌人和外部敌人”（les ennemis du dedans et du dehors）这样的组合，这些重复出现在不同语境下的词组就叫作复现语段。我们会去看这些语段重复出现的次数，然后看它们出现的位置：是在开头出现更多还是在结尾出现更多？请看图 5：

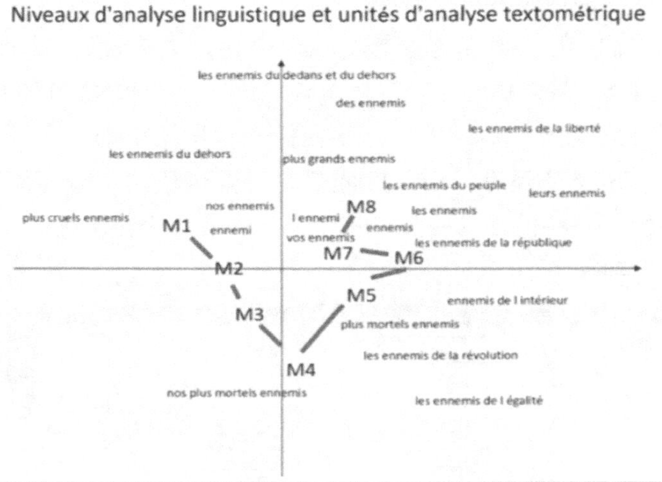

图 5 《杜歇老爹报》不同月份的复现语段

在图 5 中，我选取了所有包含“敌人”（les ennemis）的语段。“敌人”这个词在语义上表示敌对，这个含义是它的核心语义。但当具体去看这些序列时，会看到随着写作时间的推进，一开始有“我们的敌人”这种表达，然后出现了“你们的敌人”，最后出现了“共和国的敌人”“平等的敌人”“革命的敌人”等表达。也就是说出现了从“我们的敌人”到“所有人的敌人”这样的过渡。我注意到“人民的敌人”这个法国大革命时期的表达后来也被翻译到了许多语言中去。

因此，分析的极差如下：首先有词汇层级，此时采用“敌人”在词典中表示敌对的定义；但在话语层级，随着写作时间后延，“外部敌人”这一表达方式演变为“内部和外部敌人”，再演变为“内部敌人”。“外部敌人”在当时指的是普鲁士人、德意志人、外国军队等；“内部敌人”指的是革命者内部的敌人。最后语料谈及的更多的不是具体的某个敌人，而是无人称的“人民的敌人”“自由的敌人”，没有指明其来源于内部还是外部。由此可以展现我们的研究工作是如何进行的：一开始从孤立于周围语境的词语出发，随后在词语组成的上下文语段浮现层面进行研究，在这个层面上，同一词语在不同表达中的意义可能就不相同了。

大家可以在我的网站下载这些软件，现在我来进行一个操作示范，看看以上操作都是如何实现的。

首先我们选取《杜歇老爹报》这个语料，文件名是 DuchnUnicode.txt，用 UTF-8[①] 格式解码、确认后可预览语料是否和我选择的文件内容相符，还可以看到一些段落、标签，标签给出了星期、半月刊的序号等。还可以定义分隔符，出现的问号是分隔词语的符号而不是嵌套在词语之中的。语料也可以按照段落划分，生成一个段落地图（见图 6），我稍后会讲到这个功能。

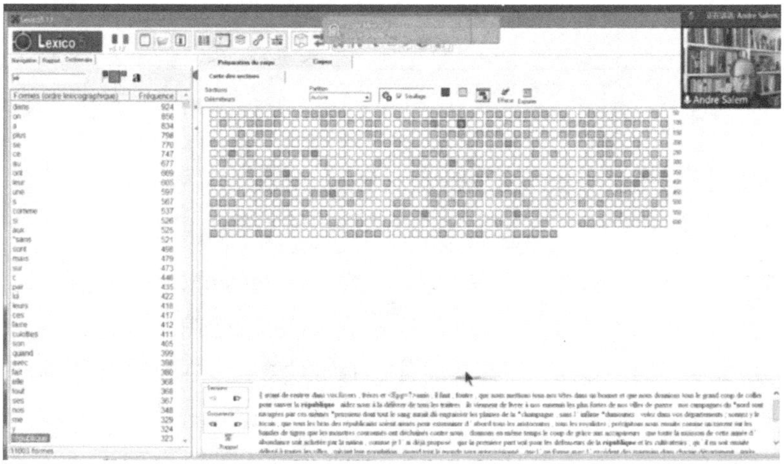

图 6 《杜歇老爹报》段落地图示例

在《杜歇老爹报》这个研究语料中有 142 177 个不同的词形、10 988 个形式，其中有 6130 个是“de”，“de”和中文的“的”在意义上有些关联，这个形式出现得非常频繁。文中还有 5056 个“hapax”，“hapax”就是只出现一次的词。好的，我们现在开始示范。在点击确认后就看到一个段落地图，每个段落都由一个小方块代表，所以段落地图相当于一个文本显示器，我可以在各个段落间游走。例如，我选取一个形式“共和国”（la république），点击某个蓝色方块就可以看到它代表的那个段落，“共和国”这个形式在这些蓝色方块代表的段落中频繁出现。

我补充说明一下，这个软件是支持多种语言的，对此我们几个软件设计者——威廉·马丁内兹、赛日·弗勒里、塞德里克·拉马尔和我

① UTF-8（8 位元，Universal Character Set/Unicode Transformation Format）是针对 Unicode 的一种可变长度字符编码。——译者注

自己非常自豪，这个软件也可以切换到中文版本，但经验证明通常懂得法语的中国学生更倾向于使用法语版本，这也有助于对相关术语的学习研究。

这个段落地图是一个文本显示器，在这上面不仅可以查看不同段落，还可以进行词汇检索，看到选取的词语上下文的语境。软件中还有许多统计工具，如对词汇增加的统计等。

我们现在来讨论语料的划分问题。我之前提过可以按期、月、半月为单位划分语料，现在先看以期为单位的划分。一共有 96 期，可以看到每一期中词语的出现次数、形式的数量等。现在我进行一个因子分析，来看看这 96 期在因子分析示意图中是如何分布的。通过示意图可以看出某些期与其他期之间是有差别的。我选中一些期，查看在这几期中出现频率特别高的形式有哪些，例如，“nous”（我们）、“vous”（您、你们）、“avez”（动词“有”的第二人称复数变位）、“constitution”（宪法）等形式出现频率较高。我们也可以点开某一期，再点击“retour au texte”（回到文本）看到原文，软件还会在原文上方显示文本属于哪一期。如果我选中另一边[①]的几期，软件呈现这部分文本的特性是“je”（主语第一人称代词）、“me”（第一人称直接宾语、间接宾语人称代词）、“moi”（第一人称重读形式）出现的比重较大。再点击“retour au texte”回到文本，可以看到文章确实多用第一人称。查看原文的操作是在确认统计数字呈现的结果是否正确，而不是在对文本进行发现探索。

我也可以点击此处查看复现语段，复现语段就是重复出现的形式序列。软件运行速度相当快，我们可以看到类似“les brigands de la Vendée”（旺代省的土匪）等序列，“la Vendée（旺代省）”就是我们之前谈到的那个省。

现在来看以月为单位的分区。这种划分是能最好地观察到词语如何随时间演变的划分方式。所有文本被分为八个月份，再对它们进行因子分析。要注意，我们在此处看到的与之前不同，这是因为此时我们处在另一个研究层级。我们看到月份 1 到月份 6 呈现出连续性，但在月份 7 图像发生了一个转向，然后月份 7 与月份 8 之间又开始呈现出连续性。请看图 7：

---

① 指在因子分析示意图中的另一边。——译者注

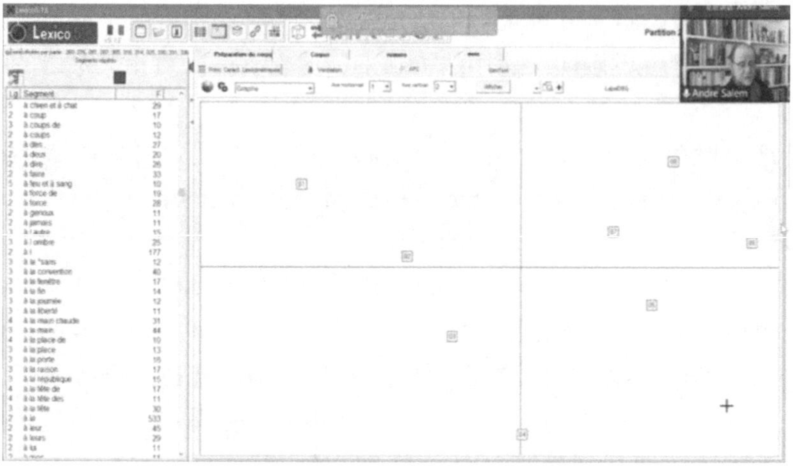

图 7 《杜歇老爹报》不同月份端点分布示例

图 7 呈现了许多信息。首先，在词汇层面上，月和月之间呈现出连续性，相邻月份的位置相近。第二个月份处于第一、第三个月份之间，我们可以通过看报纸的日期来确定它们的顺序，但软件不是通过日期对词汇进行排列的，软件进行的是一种“类型分析”，是通过对我之前提过的词汇表进行统计学分析而实现的。统计分析可以迅速识别哪里是文本词汇出现的初期形式、哪里是文本词汇出现的最终形式以及中间的发展形式等。

接下来就要思考月份 6 这个端点有何特性，我们将浮现语段纳入词汇表。我们会发现刚刚提到过的那几个词，如“les patriotes”（爱国者）、“les nouvelles”（新的、消息、新闻）等，可以对其进行词语搭配查询，还可以分组进行查询，我们感兴趣的月份 6 的搜索结果就在这里。我已经证明过“nouvelle Vendée（新的旺代省）”指的是有人想要重新发起反抗，所以“nouvelle”（新的）属于攻击性词汇。

如果对“爱国者”“阴谋论者”等这些有攻击性特征的词语进行词汇索引，可以看到它们在第六部分大量出现。如果想看看发生了什么，可以点击制作它们的特性图表。我再强调一下，不要完全听信量性分析的结果，例如，在对“所有的爱国者”进行检索后，我们才发现有很多具有煽动性和民粹主义性质的东西。我们曾以为“nous”（我们）、“tous”（所有人）等词说明“我们”是一个集体，但实际上不是，“所有的爱国者”指的是一个混合体，没有说具体有谁，指的基本上是所有支持“我”的人。

我们可以再看一下之前提过的段落地图，我再创建一个以段落为单位的段落地图，然后再按月份将其分组，这样可以对月份进行区分（见图 8）。我可以选中一些形式，然后将其拖动到段落地图上，就可以看到这些攻击性语言在哪些段落中尤为突出。还可以直接点击格子查看具有攻击性的段落，其中攻击性词汇显示为蓝色字体。

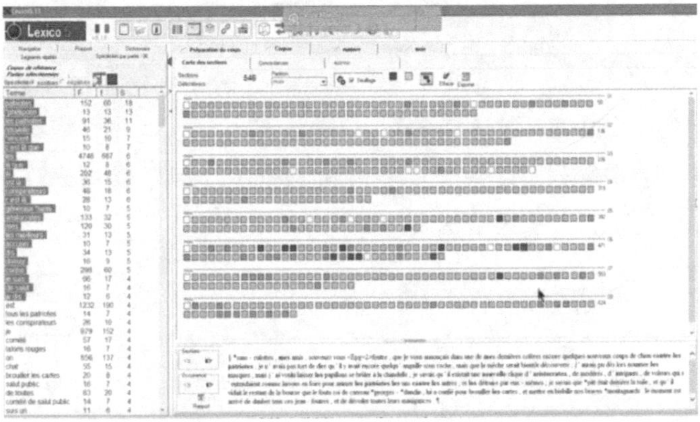

图 8 《杜歇老爹报》段落地图示例（以段落为单位）

另外一种呈现数据的方式就是写作时间编年（la tresse chronologique），通过时序可以观察到哪些词分别在语料的前、中、后部分的出现频率较高。

这些图表呈现出的结果可以被制作成报告，这些报告可以被下载后保存在电脑中，以便后续查阅。以上就是我对于 Lexico 5 软件的操作展示，请允许我再一次提醒各位：该软件提供中文操作系统，欢迎访问网站 www.lexi-co.com。我今天的讲座内容就是这些，谢谢！

第十七篇
机器翻译发展史简述

讲座时间：2022 年 12 月 9 日
主讲人：奥利维埃·克莱夫[1]（格勒诺布尔－阿尔卑斯大学）
译者：赵瑞扬（北京语言大学）

译者简介

赵瑞扬，北京语言大学法语系 2023 级博士研究生，研究方向为法语语言学、篇章分析。

讲座正文

大家晚上好，非常荣幸参加北京语言大学“自然语言处理与语言学、教学法”系列讲座，能够再次与大家分享交流我的一些研究，请允许我在此诚挚感谢主办方北京语言大学、法语系王秀丽教授与郭玉媛老师、给予本次讲座宝贵支持的各部门，以及参与今晚讲座的各位听众。

本次讲座内容将分为两个部分，第一部分略长，我将尝试快速概括机器翻译的历史。这段历史本身不太长，大约 70 年，但已然非常丰厚。第二部分我将介绍自己所进行过的实验，以及基于维基百科怎样提取语料。维基百科是值得研究的语言学数据资源，可以从中获取许多独有的知识。构建平行语料库的方法也将在第二部分涉及，但比较简短。

---

① 主讲人简介见第 112 页。

我首先谈谈机器翻译发展的三个阶段。第一阶段始于二战后的 20 世纪 50 年代；第二阶段是 20 世纪 60 年代至 80 年代间，经历了初期发展，我们称之为符号学阶段；接下来进入第三阶段，借助统计系统实现的机器翻译。之后，我想谈下当下最先进的神经机器翻译，它深刻地改变了机器翻译的方法和行业状况。在讲座的最后，我将分享我基于维基百科语料库的实验以及一些反思与观点。

关于机器翻译的历史，我们需要知道它产生的背景是二战时期，最初依托于密码学。密码学主要是为了使一件密信不易被敌方拦截及破译。另一方面，人们不断寻求破译加密的信息。图 1 是由德国人制造的恩尼格玛密码机，用来给信息加密。

图 1　二战时期德国制造的恩尼格玛密码机

我们应当了解在这种背景下，机器翻译与信息技术紧密相连。自 20 世纪 40 年代起这一切都迅速发展，得益于对战时各种信息的拦截与破译所做出的努力。

1936 年，计算机之父艾伦・图灵提出了一种抽象的数学模型——图灵机，它是第一个计算机模型。图灵机假设包含一条无限长的记忆纸带，纸带上有一个一个的小方格，每个方格上有一个数值 1 或 0。输入或者输出都呈现在记忆纸带上，机器每次可以读取一格。其核心是一个记忆程序，是由数字编码的各种状态组成的，并进行程序编制。

关于机器翻译的早期讨论主要发生在 20 世纪 40 年代，当时美国建立了"信号情报服务"（Signal Intelligence Service）系统。讨论基于两个对立的视角展开：一方是基于直觉的译者；一方是基于数学化过程的密码分析员，在当时占主导地位，该视角是由沃伦・韦弗（Warren Weaver）提出的，在二战中被广泛运用。我们可以看出这个时期信息技术有了飞跃式的发展。1949 年，韦弗提出的机器翻译观点是完全继承密码学的："一本中文书可以看作是一本用英文书写但被编码成中文代码的书，这是非常吸引人的。如果我们有解决几乎所有密码学问题的有用方法，那么，通过一些适当的解释，我们是不是已经有了有用的翻译方法？"换句话说，韦弗认为我们可以将密码学运用到机器翻译领域中。在这种视角下，机器翻译是依托于信息与通信理论（théories de l'information et de communication）的，如同一个工程问题，而非语言问题。1958 年，美国先后成立了 10 个机器翻译中心，苏联有 7 个，英国有 2 个，意大利有 1 个。

第一个出现在公众视野中的机器翻译系统是 Georgetown-IBM 系统，诞生于 1954 年。其完全按照当时的方式运作，包括一个个交叉方块组成的编码。在冷战的时代背景下，该系统主要用于拦截来自苏联的信息。最初该系统进行俄译英时有 250 个词，6 条关于句法调整的规则以及 60 个用作翻译的俄语例句。这些例句都是为了使机器更好地运作而精挑细选出来的。与其说这台机器是一个科学设备，不如说是一套交流工具。这套系统在当时引发了巨大的轰动，例如，1954 年载于《基督教科学箴言报》的文章："那些负责这项实验的人现在认为，通过电子翻译进行意义转换是可行的，这一点已经得到了确认。尽管现在还不可能在一端插入一本俄文书，另一端直接拿出一本英文书，但可以预测，在五年内，甚至是三年内，在几种重要语言间，通过电子程序进行语际意义转换很可能成为事实。"可以看出在那个时候还是对机器翻译抱有乐观态度的。另一位对该机器翻译系统做出贡献的专家是巴尔–希列尔（Bar-Hillel），1960 年他在美国国家卫生基金会上发表了一篇文章，对机器翻译的可行性持较怀疑的态度，认为依靠当时的机器产出高质量的翻译是一个不现实的目标，唯一合理的目的是"计算机辅助翻译"（TAO），而不是完全的机器翻译。尽管美国对机器翻译进行了大量的投资，许多翻译问题仍未被解决，尤其是"模糊性"的问题——同一个词在不同语境中的意思。在这篇报告之后，1964 年美国成立了语言自动处理咨询委员会（ALPAC），认为人工翻译更加经济，由此结束了对机器翻译的大规模投资。但该委员会也提倡机器辅助翻译。

经历了机器翻译投资骤减之后，在 20 世纪 60 年代至 70 年代出现了许多系统，被称作符号方法（approche symbolique）。该方法是以乔姆斯基的转换生成语法理论为基础，我举一个代表性的例子。图 2 呈现的是一个由语法生成转换而来的句法结构，这是一个有一些棘手的句子，SN 指的是名词意群，SV 指的是动词意群，GV 指的是动词组合，GN 指的是名词组合，等等。该方法可以对句子表层与深层进行句法分析，从而鉴别陈述句的语义特征。

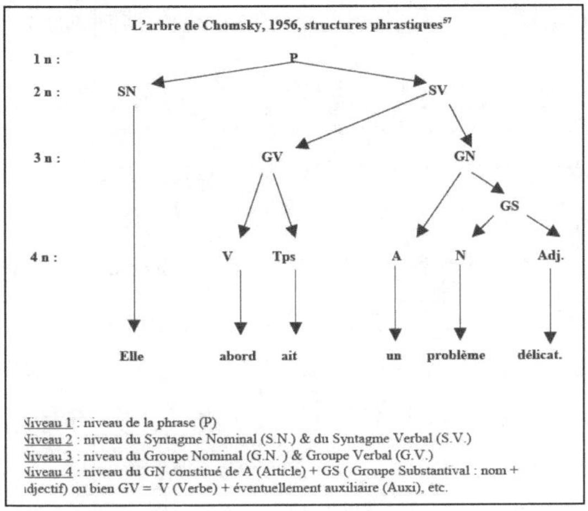

图 2　乔姆斯基转换生产语法示意图

尽管如此，对机器翻译的研究仍在一些国家继续进行，例如加拿大、法国、德国等。我们可以看到一些新的范例出现，比如在一些极其特定的领域里，词汇能被很好地掌握，句子结构也被按照规则调整。这些年间的机器翻译系统完全能够自主运行，例如加拿大蒙特利尔大学的 TAUM Météo 系统，1977 年至 2001 年间，该系统每天翻译 8 万个关于气象预报的词。同时代的另一个系统是由彼得・托马（Peter Toma）1968 年创建的 Systran 系统，该系统首先于 1970 年由美国空军使用，1976 年之后由欧洲共同体委员会使用。这些符号主义方法是以一些显性知识为基础，也就是说由专家总结的、一些易于描写的知识，比如词汇（可以是单一语言，也可以是双语）、语法规则（词序、句子内成分的关系、性数配合）、翻译的规则（采用何种手段来转换两种语言间的句子结构）。

在这种符号范例下，产生了很多项目，如我们刚刚提到过的 Systran、得克萨斯大学的 METAL、法国格勒诺布尔地区的 Ariane。1981 年产生了 Eurotra 来为欧盟提供翻译服务，以满足欧盟巨大的需求，因为欧盟有很多种需要翻译的语言。

贝尔纳·沃古瓦将这些符号结构系统化。他于1960年在格勒诺布尔创立CETA实验室（现更名为GETQALP），该实验室一直主攻自然语言自动处理以及机器翻译。值得注意的是他一开始是物理学家，后来致力于计算机编程，并不是语言学家。这种趋势开创了以工程师和语言学家为先导的机器翻译，我们可以看到计算机学科和语言学学科产生了交叉。

沃古瓦区分了两代系统。第一种是使用直接方法的第一代系统（例如IBM系统），也就是说直接将源语言结构转化为目标语结构。该系统的缺点在于翻译另一对语言的时候，一切都需要从头再来。例如需要建立一个专门的把俄语翻译到英语的系统或者把俄语翻译到法语的系统，这个过程就增加了开发的工作量。

之后，沃古瓦提出第二种系统。该系统有三个步骤：分析、转换和生成。这三个步骤被称为Vauquois三角式。分析是指为了抽取一些抽象的表达（句法—语义）而进行的分析，转换是将这种表达转换为目标语抽象的表达，生成是指生成目标语的陈述。

接下来我们看下对Vauquois三角式更加具体的解释，它涵盖了几乎所有抽象的表达。我们从图3可以看到在不同的水平有不同的转换，水平越低说明进行的操作越多，反之水平越高操作就越少。

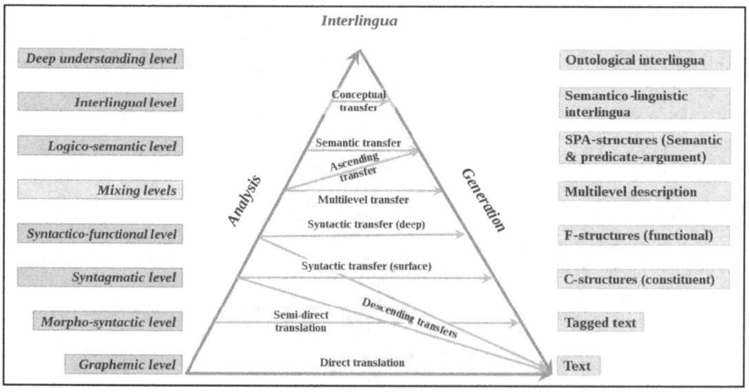

图3　Vauquois三角式示意图

现在我将以欧盟24种官方语言为例，假设每对语言都可以进行翻译，我们还要区分源语和目标语的顺序，将得到552对可翻译的语言。这就意味着转换系统将是552的数倍。假如我们将552对语言实施三角式中的所有步骤，将带来巨大的工作量。

可以看出符号系统（système symbolique）耗资巨大，它需要使用大量的专业词汇资源，同时也非常复杂。有时候会增加一些新的规则来解决一些特殊情况，这些新的规则和之前的规则产生冲突，并降低了结果的准确性。

20 世纪 80 年代，主要使用的系统有 CATALYST、VERBMOBIL 以及 PANGLOSS。欧盟有 24 种官方语言，就有 24 个处于分析阶段的模型和 24 个处于生成阶段的模型。

我举一个和抽象表征相似的例子，是 2000 年后发展起来的 KANT 系统。例如，“open the door” 中的 “open” 是谓词。“The truck driver is checking the fuel tank for holes.” 这句话更加复杂一些，主要谓词是 “check”，施动者是 “truck driver”，受动者是 “fuel tank”。

20 世纪 90 年代出现了一个新的范式，一种针对翻译的全新构想。这一次更具有经验论倾向，我们称之为“统计机器翻译”。日本学者长尾真（Makoto Nagao）创立了基于示例的类比翻译，主要思想是吸收译者翻译过的成果来产出新的翻译，是对计算机辅助翻译的发展。随之发展出了很多新的工具，例如 Trados、DéjàVu、OmegaT、WordFast。与此同时，出现了双语文本对齐的概念。将源文本和目的文本对照翻译，将句子分为小段并进行配对。根据句子的长度可以获得以下结果：源文本中的长句往往对应目标文本的长句，短句往往对应短句，根据可能性将句子进行重组。

统计机器翻译依托于平行语料库，将大量来源于译者的译文经过一定模型的处理成为新的翻译。语言模型是单一语言的，会使法文、英文、中文的翻译可能性模型化。翻译模型是将一个词翻译为另一个词，将一个表达翻译为另一个表达。

我们将平行语料库中的句子切分成语段和词，比如法语 “soleil” 这个词，很有可能在英语中对应 “sun” 这个词，也有可能在另一些语境中被译为 “star”。该翻译模型是针对词以及多词的表达的。由翻译模型重组生成目的语句子，也就是说生成候选的目的语翻译，之后衡量其可能性。统计翻译领域的困难在于平行语料库的数量有限，并且建立起来有一定的难度。而单一语料库的建立相对来说更为容易。

我们来看一下随着时间的推移在统计翻译领域的一些发展。随着语言学知识的不断扩展，模型变得越来越丰富。例如，“kral”可以被翻译为“king”，也可以被译为阳性复数“kings”。我们可以建立既利用表面陈述句，又增添语言特征的统计模型。这些模型趋向以句子为基础，也就是说不是以词为基础，而是以意群的翻译为基础。例如，翻译模型将“am buying”对应“achète”。所有这些发展极其迅速，为什么呢？一方面由于计算机辅助翻译的普及，另一方面也得益于个人电脑的迅速发展。2000 年起，互联网的发展使得可获得的数据激增，也可以获得丰富的平行语料。统计机器翻译技术也被更好地掌握，出现了众多开源工具如 Giza、Toolkit Moses 等，大众的可及性进一步增强。2006 年开始有了谷歌翻译，它由弗朗茨·约瑟夫·欧赫（Franz Joseph Och）创立。最初谷歌翻译依托联合国的平行语料库，语言有英语、阿拉伯语、中文、法语和俄语。这些官方文本既具有法律性，又关系到健康、经济等问题。最初欧赫借助 Systran 来翻译其他语言，2007 年他发展了自己的翻译模型。欧赫认为要正确地训练一对语言，应该需要一亿五千万至两亿个词体量的平行语料库，每种语言需要十亿词。很快谷歌建立了大型数据库，2010 年谷歌翻译有了手机应用程序，2011 年可以对录音进行翻译，2015 年起可以进行图像翻译，这对我们去其他国家旅行是非常有用的。比如我到北京，到处都是汉字，我只需要拍一张照片就可以获得翻译。2016 年起，谷歌翻译可以进行文件的翻译，比如文件中的表格等，另外手写稿也可以被直接翻译。英语还是作为主要语言，比如将法语翻译为意大利语，我们要进行两项翻译，第一项是将法语翻译为英语，再将英语翻译为意大利语。但这种方法往往会产生问题从而导致翻译的错误。比如法语翻译为英语时有一些模糊性，英语翻译为意大利语时也有一些模糊性，这样最终获取的翻译结果就不太理想。给大家看一个我 2014 年遇到的例子。一句非常简单的话，翻译却是有问题的。法语句子“Cette fille est jolie”谷歌翻译给出的意大利语的实际法语意思是“cette jolie fille est assez”。我们可以看出由法语翻译为英语的“pretty”，具有模糊性，“pretty”可以是“jolie”，也可以是“mignon”，也可以作为副词。这里就是将它作为副词翻译的，相当于“plutôt”。

在 2000 年至 2010 年间，统计翻译仍然非常实用，谷歌翻译每天有近 5 亿用户使用，平均每天翻译量达 1000 亿字。尽管使用该服务的用户数量庞大，但也常看到人们对谷歌翻译中的错误进行嘲弄，当时有一些网站列出了谷歌翻译的各种荒谬的错误。我引用 2016 年的一篇文章，这是一篇阿拉伯语的文章，被翻译成了法语，但得到的结果是完全无法被理解的。例如“Fils hydraté de la ville de Homs qui a longtemps connu pour ses fils légèrement sang...”这句话，我们在语义和句法层面都看不到任何连贯性。谷歌用一个没有经过充分训练的系统将阿拉伯语翻译成英语，然后再从英语翻译成法语，因此翻译中的错误以及模糊性倍增。在视频网站上我们仍能找到关于谷歌翻译错误的幽默视频，例如，一位年轻女性对皇后乐队主打歌《波希米亚狂想曲》的解读，她用谷歌翻译歌词，得到了一个十分荒谬但又很有趣的结果：原歌词为“Anyway the wind blows”，而翻译与原文无关，“Panda blowing you say”。当时，取笑机器翻译是很常见的，因为其结果不是很理想。但不得不承认，我们同时又都经常需要使用机器翻译。

因此，专业译者对这些问题进行了详细研究，意识到即使是最常见的语言，例如英语与法语这一较为常用的语对，即使有数据量最大的语料库，翻译中仍能遇到很多小问题，常涉及搭配、用语或术语。举一个经济类译文中的例子，“improvements in demand”被错译成了“amélioration de la demande”，本应被译为“redressement de la demande”。另一个出现句法问题的原因是，有时会有一些词被漏译。例如，“the balance of opinion in employment edged up in the spring survey”部分被谷歌误译为“d’opinion sur l’emploi”，而专业译者译为“des opinions”。我们也能看到“a légèrement up”这样仍包含英语的翻译结果，显然是由于其语料库中的数据不足导致无法用一个完整的术语来翻译“edged up”。在专业译者的翻译中，该表达译为“s’inscrit en légère hausse”，所以在译者的翻译中特定表达方式更多并更加流畅。而谷歌翻译的译文混杂着英语虽然也并非完全不能理解，但显然不是合格的译文。我们当时经常使用机器翻译的主要原因是它在大多数时候都能让人理解含义，即使结果往往需要再修改。例如，“Chart”没有被正确翻译，可能是因为大写字母的问题。虽然是一个简单的细节，但首字母大写的词在训练语料中出现的次数较少，所以它可能被认为没有对应词，也就是说它不会被翻译。

2014年相较之前已经离我们很近了，在这一时期发生了一场革命，即所谓的神经翻译。我想谈一谈神经翻译，是因为它确实深刻改变了这个领域。在谈论翻译之前，我想尝试直观地介绍一下神经网络是什么，尽管神经网络和深度学习等概念对于我们来说并不十分陌生，但可能大多数人都只有一个相当模糊的概念，并不知道它到底涵盖什么。我们需要注意的是，这些信息化架构是仿生的，基于生物神经细胞的限制。这些人工神经元有一定历史，可以追溯到二十世纪四五十年代，这也是对于计算机科学和自然语言自动处理而言一个丰富多样的时期。最初的想法是建立一个在输入端有突触连接的神经细胞模型。神经元是一个与其他神经细胞存在连接的神经细胞，其连接可以有不同的权重，有时相当弱，有时非常强。在其他神经元被放电激活的情况下，这些连接传递电流，将通过激活或不激活相关的神经细胞，把输入的信息传递给其他细胞。

因此，这种激活取决于这些输入的总和，当收到的刺激不足时，神经元不予反应，当信息量超过某些阈值，就会激活并向其他神经元发送某些信息。1958年，第一个算法模型被开发出来，即罗森布拉特的“感知机”（Perceptron）。

图4是“感知机”的建模：一个神经元与其他神经元连接，这些连接就是我们所说的输入。例如图像的像素，如果有一个发光的点，像素会变成1，如果没有发光的点，会变成0。然后这里有不同连接的权重：W_1、W_2、W_3、W_4，神经元将执行这些权重的总和，即这些输入的线性函数，然后它能够以两种方式反应，如果这些加权输入的总和超过某个阈值（这里是0），它就会激活，如果保持低于0，就不会激活。所以有两个状态0和1，事实上这些都是连续的和，而激活是全有或全无的规律。一旦我们研究出这个模型，必须能够让它有能力学习，所以这是感知机带来的一次伟大革命。即我们可以训练神经元来执行任务，向它提供一个输入和一个预期的输出。因此，我们要做的是训练神经元，进行梯度下降，只要看权重的细微修改，这将决定我们朝着想要的正确输出方向还是错误方向前进。比方说，我期望的输出是“1”，而我得到的是“0”，那么就必须增加或减少权重来达到“1”。这就是我们所说的梯度下降，我们将在每个学习阶段稍做修改，以更接近预期的输出。所有这

些是能够训练的，被称为二元分类器（le classifieur binaire）的算法，该算法将使我们能够根据某些特点对群体进行分类。要么群体在抽象线的一侧，被激活；要么群体在另一侧，没有激活。例如，一个花的群体，可以根据物种，花瓣的数量、颜色，叶子的数量等，把这个群体分成两个子群体。我们将看到输入、输出、学习阶段，找到正确的权重，找到正确的将空间分成两组的线。

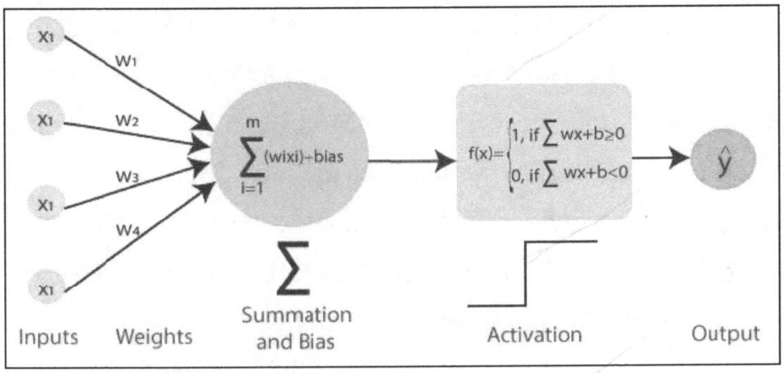

图 4　感知机运行原理示意图

所有这些都在 20 世纪 80 年代得到了完善，输入和输出之间增加了一个隐藏层，是一个深层，我们将看到多层的神经元。我们能够训练多层系统，仍然应用梯度下降的概念，但囊括了反向传播，即从输出到输入：对于某种预期的输出，可以修改权重以接近预期的输出，然后这个权重的变化要反映到输入上，因为它涉及权重的另一个变化。假设我已经增加了预期的输出，那么我就得在输入处改变它，以便向增加的正确方向前进。这被称为梯度反向传播，是一种多层网络的学习方法。在输入端，我们可以看到带有 0 和 1 的图像；在输出端，我们将获得某种决定。

多层系统受到视觉语料研究的启发有了一些发展。某种特定的架构使区分形状成为可能，我们称之为卷积过滤器。这是一个特定的过滤器，我们要把它应用到图像的不同地方，过滤器负责提取特征。比如说，我没有看到垂直线，会有一个过滤器专门针对垂直线，一个过滤器专门针对水平线，一个过滤器专门针对点。我们将对图像中的不同地方应用相同的过滤器，这将使检测对移动不敏感。也就是说，同一个物体出现在图像的不同位置，会产生相同的效果。一旦我们有了特征的提取，在第二层将进行一种压缩，被称为汇聚（pooling）。也就是说我们将对图像进行大面积的总结，将再次应用特征的提取，直到最后得出一个识别的决定。也就是说，将结合输入来激活或不激活神经元，并通过这些卷积过滤器提取不同类型的特征。

这一切首先是为图像开发的，从 2010 年开始，我们也开始为自然语言自动处理而开发。计算机的更新换代、运算能力的提升以及相关数据量的增长促成了这些技术的发展。2013 年，Word2vec 面世，使我们能够根据语境来表示词的含义。有相当多的分布模型试图描述语境中出现的词的特征，并在多维空间中表示。通过 Word2vec，开发人员尝试训练系统来预测上下文语境中的单词，这就是学习语料库。比如针对这句话“the quick brown fox jumps over the lady dog”，如果要训练系统，输入“the”，然后“quick”，然后“brown”，每次都要训练系统猜测上下文中出现的词。对于“brown”，它将尝试猜测“the quick fox jumps”，对于“fox”，它将猜测“quick brown jumps over”。

一个向量代表输入中的一个词，如“fox”“quick”等，经过中间层和输出层，根据概率指定哪些词属于上下文。事实上，一旦你训练了网络，有了大量的文本，每个词展示一个输入，将有一个确定的向量。这个向量是一串数字，它对应着不同神经元的激活状态，它可以是 300 个不同的数字，这 300 个数字将描述这个词的语境。由于它是语境的特征，根据分布假说，两个具有相似含义的词会有相似的语境。也就是说这个向量将代表这个词的含义，即我们所说的嵌入。

因此，当我们把一个词放到输入中时，会出现这个词的意义的抽象代表。事实上，它也是其语境的代表，而根据分布假说，最能概括语境的东西也概括着意义。

这些嵌入具有惊人的特性。当我们在一个多维空间中表征词语时，即便我以二维表示，但事实上它发生在多个维度上。那么我们意识到，某些方向将代表某些语义特征。在某种程度上，我们有类似的计算形式，并在向量之间存在可能性。例如，如果我取“国王”（king）的向量，可以看到国王的向量是一个类比操作的结果，这包括取“女王”（queen）的向量，去掉“女人”（woman）的向量，加入“男人”（man）的向量。我们看到这个特质与“一个国家的统治者”“一个王室的统治者”有关。而这些类比关系不仅在语义上是相关的，在形态上也是相关的。在“dog-dogs”“cat-cats”之间会有相同的情况。还有其他的类比形式可以发挥作用。例如，“巴黎—法国”“伦敦—英国”“罗马—意大利”之间的向量类型。因此，它是一个语义空间，具有识别同义词、分解为语义特征等十分有意义的属性。这也就是第一次革命。

第二次革命是使用循环神经网络，以“编码—解码”为原则产生翻译。编码包括获取词的嵌入，并使之通过神经网络。针对多层结构，在每个阶段，要在链条中的下一个词和前一个词的网络输出之间建立连接，这就是循环的方面。计算是一步一步进行的。首先我在机器里输入“how”，可以得到一些输出，然后输入“are”，有了“are”和“how”，就会产生另一些输出。然后输入“you”，“you”和“how”与“are”的输出一起，产生最终的输出。在这个层面上，编码器会有一定的输出，这个输出代表整个句子。因此，句子的语义、句法关系等都在这个输出中得到体现。这种表现形式在某种程度上是跨语言的。

接下来是解码，仍然用同样的原则，首先生成第一个词，它将被用作下一个词的输入，每次系统都会在输入中学习新生成的词和前一个词。因此这个系统为自动翻译带来了有意义的结果，并从 2014 年开始，随着注意力模型的增加而得到改进。事实上，这种抽象的编码表示法还不足以产生良好的输出。要产生一个好的结果，需要的不仅是这种表示法，也需要应用注意力模型，使我们能够再次观察输入。例如，当翻译“I”的时候，需要再次观察，将注意力集中在“je”上。当翻译“am”时，需要注意“suis”。这种注意力模型在神经翻译的模型中有较为优秀的结果。

2015 年，神经机器翻译的技术进一步更新，在性能上有了提高。2016 年，谷歌宣布对 9 种语言（英语、中文、法语、德语、日语、韩语、葡萄牙语、西班牙语和土耳其语）使用神经机器翻译。2017 年，一个新的竞争者到来，即 Linguee，它在网上发布了双语对照表和词典。基于这些数据，它开发了一个基于卷积神经网络的翻译系统，略有不同的架构。Linguee 获得了非常好的效果，在网站的广告中，他们声称做了一个盲测，请专业译者评估 DeepL 的输出。DeepL 多次被评估认为比谷歌、亚马孙和微软等巨头提供的翻译服务更好。根据这一评判，DeepL 在译者的评价方面比其竞争对手要好。但这不是在科学条件下进行的评价，因为它是由 DeepL 主导的，所以评价标准可能有所偏颇。尽管如此，DeepL 仍是一个非常好的翻译产品。

那么为什么质量会更好呢？首先神经翻译更顺畅，因为它对句子进行全局翻译，而不是独立地进行碎片化翻译，再重新组合后输出。但问题是它需要大量的数据来训练。这就是为什么谷歌在2016年推出这个新系统时，无法为所有语言推出自然语言处理，因为这需要比之前的统计翻译多得多的数据。训练时只需要平行语料，没有语言模型，在这个范式中只有翻译模型，所以需要更多的平行语料数据来训练这个系统。此外，它还需要强大的计算能力，神经网络在训练方面要求非常高，必须在大型机器中运行数日，这会消耗大量的电能，以便有效地训练模型。在某种程度上这也涉及成本问题。直接方法的另一个问题是，从一种语言到另一种语言的训练是以一种直接的方式进行的，不需要通过植入其他中介性质的元素。

神经翻译的挑战在于如何训练没有掌握多少数据的语言。2017年一个新的架构“Transformer”被引入，这使我们能够开发新型的语言模型。这些模型都是基于自注意力机制。我们可以在特定语言的语料库上训练一个模型，例如法语或中文。在无干涉的情况下，该模型被训练猜测句子中被隐藏的单词。比如，给它100万个中文句子，去掉一个词，然后让它猜猜去掉的那个词。它的生产成本不高，不需要人工标注。只需要随意地删除某些词，该模型基于自注意力机制，学会在每个词的水平上分析它的语境及句法关系，以便猜测缺失的词。它将发展一种语境化的注意力，以建立语境化的嵌入。Transformer输出中的每个词都将被编码为一个向量，与Word2vec不同，这个向量取决于句子和上下文，即该词所处的位置。这个向量包含了很多抽象的信息，包括句法、形态和意义。Transformer带来了一种语言的抽象化形式。这一次我们有了词语的语境化表示，不再像在Word2vec中是独立的。我们甚至可以制作多语言模型，它们将表征词、句子，不再是一个空间专门用于英语，一个用于中文，一个用于法语，而是都在同一个向量空间中。特别是mBERT[①] 系统，它提供了一个有104种不同语言的空间，可以在其中表征及嵌入。

另一个系统的表征不再针对单个词，而是整个句子，这便是LASER

① 全称为“Multilingual Bidirectional Encoder Representations from Transformer”，指的是在源语言任务上训练，通过直接用于目标语言来完成零样本跨语言迁移任务。——译者注

系统。它共有 1024 个维度的向量，即 1024 个不同的数字，它们代表句子的意义，适用于上百种不同的语言。这是非常有意义的模型，因为它使我们可以进行判断，例如判断得出某个中文句子与某个法语句子非常相似。

LABSE 与 LASER 是同一个类型的模型，完全与语言无关，不依赖语言。LABSE 是通过大量的单语句子进行训练的。而上百种不同语言的句子很多，为共享构建的空间，它用 60 亿个与英语对齐的句对进行训练。英语使我们能够定义这个空间的语言间性。在这个空间里被表征的句子，不管是什么语言，如果它们有相似的含义，就会在相似的区域里表示。例如，“chien mignon”（可爱的狗）会用一个点来表示，那么“cute puppy”会用一个非常相似的点来表示，“可爱的小狗”也一样。这是两个词的简单例子，但它也可以是整个句子，也会被这样表示。有了这种多语言空间，即使我们没有英语与某个语种的双语语料库，我们也能够把其他语种的句子与英语的句子进行比较。针对资源很少的语言，我们根本无法对其建立平行语料库，而通过使用这个多语言空间 LABSE 进行训练，我们能够为这些语言匹配出与英语对应的句子。在名为 Tatoeba 的数据集中，有成对的句子，这个数据集的作用是使系统找到最接近的英语句子。基于这个系统，我们能够进行上述匹配，哪怕我们没有针对这些语言进行训练及翻译。

与这些多语言空间相关的任务是，从一个源句开始，找到最接近的句子，或者最好是一组候选句。比如，有一组英语候选句，基于多语言的表征，系统会发现最可能与该目标相对应的结果。在某种程度上，嵌入在这个多语言空间中的句子被转化为中介语的形式（forme interlingua），一种独立于众语言外的表征。它的一个优点是，有了这个空间，即使通过非平行语料库，也能提取成对的句子。比如一个从网上检索的句子语料库，它不是平行语料库，中文有 5.6 亿个句子。我们能够把这 5.6 亿个句子中的 2.61 亿个句子与在另一个语料库中发现的与其等价对应的英语句子相匹配。得益于这一点，我们能够解决缺乏数据的问题，因为很难找到某些语对的现成翻译。我们将能够为各种语对训练神经机器翻译系统。受益于 mBERT 模型，系统将允许我们创建近似平行的语料库，这些语料库与翻译文本没有联系，但它们对有监督或轻微监督的翻译很有用。

现在我给你们看一些神经翻译结果的例子。我测试了谷歌翻译、TranslateLocally（开源的神经机器翻译系统）以及 Apertium。从一篇名为《评估机器翻译的方法集》的文章中提取出来一些包含特定困难的句子。通过使用选择的例子，呈现特定的困难来评估机器翻译。困难的类别包括与主语的配合、词法上的差异或句法上的差异。首先用符号系统，此处用西班牙语，因为没有法语，可以看到有很多问题，例如，“John misses Mary”，应该反过来翻译，不是“John pierde Mary”。还有一个错误，把冠词“las”和“nos”放在一起，这个句子在句法上是不正确的。事实上，只有一个句子是完全正确的。

现在我在一个神经机器翻译系统上进行尝试，这个系统名为TranslateLocally，这些困难例子中的大部分能得到较好的翻译，如与主语的配合、词法的分歧、句法的分歧。例如，及物结构“He gave Mary a book”，翻译成法语很好，“Il a donné un livre à Mary”。“He gave it to her”，在法语中我们会说“il lui a donné”，这是一种句法的仿造语，这就是为什么我说它是基本正确的，但不是很符合惯用语。这里唯一的错误是“John misses Mary”，应该翻译成“Mary manque à John”，此处有一个句法上的倒置。谷歌已经正确地翻译了一切，除了“John misses Mary”，所以可以看到它仍然存在问题。但其他一切——句法和词法规则以及性数配合等，都被考虑在内了。

上述评估将谷歌与另一神经机器翻译系统以及统计翻译系统进行了比较（见图 5），在形态句法和词汇句法的难度集上进行了测试。我们看到，神经翻译做得非常好。BLEU 分数（双语评估替补）在整体上没有很大的偏差。BLEU 分数是一种评价翻译质量的方法，在某种程度上有利于统计翻译系统，但不是一个非常可靠的指标，比如没有说明句法问题等。所以我做了一些实验来考虑其他情况。例如，创造一些新词，看它们是否能正确地翻译，以及解决共指的问题。我创造了不存在的术语，“traduction syntacticosémantique isoneuronale”（句法语义同一神经翻译），我们可以看到翻译是正确的。该神经系统能够重建等价词（mot équivalent），从形态学的角度来看，这些词处理得很好。翻译得不好的是首字母缩写的情况，“TSI”应该翻译成“IST”。然后，还有共指的翻译问题。“J’ai vu Marie, qui a perdu ses clés. Je les lui ai retrouvées. Elles étaient dans ses poches.”（我看见了玛丽，她丢了钥匙。我为她找到了它们。钥匙原来在她的口袋里。）“I found them for him” 这里应该是 “elle” 的英文翻译出现了问题。翻译是逐句进行的，没有考虑语篇共同指称问题，也就是说，从一个句子到下一个句子，系统忘记了我们在谈论 “Mary”，所以出现 “him、his” 这样的翻译结果，有两个共指错误。尽管谷歌也会犯同样的错误，但我尝试用 DeepL，可以看到它对这两种情况都处理得非常好。也就是说，它可以正确地翻译缩写，而且对于共指问题，它也能解决，“I found them for her”。作为目前能够做到这一点的系统，DeepL 获得的评价非常好。

Quelques exemples qualitatifs

- Evaluation quantitative : PBMT-1 & PBMT-2 systèmes statistiques vs NMT système neuronal (Isabelle et al., 2017)

Divergence type	PBMT-1	PBMT-2	NMT	Google NMT	Agreement
Morpho-syntactic	16%	16%	72%	65%	94%
Lexico-syntactic	42%	46%	52%	62%	94%
Syntactic	33%	33%	40%	75%	81%
Overall	31%	32%	53%	68%	89%
WMT BLEU	34.2	36.5	36.9	—	—

图 5　谷歌翻译、神经机器翻译、统计翻译比较结果

接下来讨论一下我利用维基百科做的实验，看看如何从维基百科中提取平行语料库。维基百科是一个巨大的语言学数据来源，有 290 亿字和 5500 万篇文章，涉及 309 种语言。这确实是一个非常有意义的来源。一般在自然语言自动处理中，我们认为维基百科属于对比语料库。许多情况下，通过不同语言链接的维基百科文章不是译文，而只是在谈论同一个主题。当我们提到平行语料库时，往往限制更多、更具体，常由原文与译文构成语料库。我的想法是尝试在维基百科中探寻对比语料库占比更多的原因。

对于这些对比语料库，可以进行很多操作。我们可以提取相关知识、术语、双语词库或类似的句子来训练翻译模型。一些研究人员试图从中找到翻译的痕迹。我引用了一些作品，这些作品设法确定了少数的

译文组成部分。通过 LASER 系统，研究人员已经成功提取了数百万对等价的句子。但这些句对完全脱离了语境，因为他们的系统架构是一个多语言句子嵌入的系统，这些句对除语境外大体相当。没有整篇文章的翻译，只有许多对齐的句子。我的想法是看看这些句子在维基百科中是如何翻译的。维基百科有很多翻译项目，这些合作项目使译者的工作更加方便。一旦找到了翻译过来的文章，就需要找到平行的句子。但我们有时会遇到翻译不完整的问题。我开发了一个叫作 Alignable（对齐）的工具，它可以让我们确定与被翻译的文本相对应的区域。我们还需要做一个时间上的对齐，需要找到从文本被翻译那一刻起的版本。因为一旦翻译完成，每个文本都会在维基百科中独立发展，并得到用户的修正。有时，翻译的痕迹最终会完全消失。比如，这是一篇 2019 年的英语和阿拉伯语的关于肥胖问题的文章，2019 年部分是可以对齐的，但 2021 年就看不到相关痕迹了，所以我们必须回到 2009 年的最初版本。

那么如何找到这些翻译呢？这方面有不同的技术。最好的技术是坚持使用“Content Translation Tool”这一工具，该工具的使用者也越来越多。这是一个允许使用者按照完全相同的结构、相同的表格、相同的格式等来翻译网页的工具。它非常实用，有取代手工翻译的趋势。借助这个工具，我们可以找到翻译之间的联系。事实上，在维基百科的文章中，每篇文章都有一个历史记录，记录了之前所有的修改。而在历史记录中，会发现一个表示源语言的标签、存档文章的标识符、最初翻译的文章以及标题。我们可以在“Dumps”中找到这些标签，“Dumps”是维基百科每月发布的文件，里面有维基百科的所有数据。维基百科每个月都会以“Dump”的形式公布所有数据，“stub-meta-history”文件包含了文章的历史记录。例如，对于法语来说是“frWiki”，我们会看到日期“2022，1202”，下载这个文件就可以找到所有的翻译文章的链接。

因此，我开发了一个处理链（une chaîne de traitement）用来下载“Dumps”文件，搜索翻译评论，下载目标语言的文章和最初翻译时的原始版本。之后提取维基编码，删除维基百科的所有特定编码，将其分割成句子，应用我的脚本来识别已翻译的部分，然后应用一个名为 Yasa 的双语对齐器。通过这样做，我们可以找到大量的文本。这是我去年做的一个实验，对于英语—法语语对，我发现了 1 248 890 对句子，有 60 370 对文章，对应 2500 万词。这些数量都十分可观，其意义在于我们把所有的文章都对齐了，它包含了文章的每一次进展。因此，维基百科可以成为一个很好的平行语料库来源，对深度学习很有帮助，也可以用于语言对比研究和翻译研究。

机器翻译的发展是一个起起伏伏的过程，目前我们的技术已经较为完善。可以说，一开始我们对语言层面的翻译看法较不成熟。尽管如此，韦弗预言性地将翻译视为“编码—解码”操作，在今天的神经翻译系统中再次被印证。我们对翻译、源文本进行编码，是一种数字表示，是一种纯数字代码，完全独立于语言学进行建模，然后进行解码。正是 DeepL 使我们能够实现从一开始就描述为编码—解码的过程。但仍有局限性，自动翻译经常在句子层面上工作，而非篇章层面。但篇章的衔接与连贯也至关重要，尤其在共指方面的问题，之前已经提到（“her”和“his”的问题）。我们还必须看到，并非所有的东西都在文本中。译者根据他对世界的了解和他的阐释能力进行翻译，而神经网络翻译则不然，它仍然局限在语言表述中。

在今天讲座的最后，我想展示一个独一无二的图像（见图 6），是我昨天使用深度神经网络生成的。我要求一个叫作“Stable diffusion”的系统生成一个“圣杰罗姆（他是译者的守护神）在语言的森林中用一台笔记本电脑进行翻译”的图像。通过这种纯粹的自动方式，我们可以看到人工智能的潜力。

图 6　深度神经网络生成图

第十八篇

语言与科学：语言的生灭与科学之间的关系

主讲人：米歇尔·塞尔
译者：左芝欣（北京语言大学）

主讲人简介

米歇尔·塞尔（Michel Serres），1930 年 9 月 1 日生于法国阿让（Agen），2019 年 6 月 1 日于巴黎逝世，哲学家、科学史学家、法兰西学术院院士、欧洲科学与艺术院院士、比利时皇家学院院士。他的著作在科学史、科学哲学和认识论领域享有重要地位和极高的权威。

早年就读于海军军官学校和巴黎高等师范学院，学习数学、哲学专业，1955 年取得哲学大学教师资格。1968 年以论文《莱布尼兹的系统和其数学模型》获得哲学博士学位，并开始在巴黎第一大学教授科学史。除在法国大学任教外，塞尔还在美国大学任教，先是在约翰霍普金斯大学，1984 年起于斯坦福大学任教。

塞尔学识渊博，兴趣广泛，除具有深厚的数学、哲学专业基础外，还广泛涉猎量子力学、信息论、生物、化学等领域知识，并喜欢用诗意的语言表述哲学思想。他认为，数学、物理理论经过某种转化后，可让我们进一步理解世界、改造世界。他尝试打破各类知识间的隔阂，在各种知识之间建立联系，于他而言，自然知识与人文知识可以融为一体。他也是少有的主张将科学和文化结合起来看待世界的哲学家。

另外，他从科学史出发提出了自己的人类学认识。他认为，事物

（chose）之间的联系、相互作用，事物对历史产生的影响等，也是历史构成中的重要部分。让事物表达，事物不是死的、静止的、不变的。将主体（sujet）与客体（objet）区分开有时是不妥的。某些时候主体和客体可一同被看作类客体（quasi-objet）。

塞尔一生致力于对科学史的研究和描绘。借助自然科学如天文学、天体物理学和地球与生物学，他尝试将从大爆炸时代至今的宇宙、地球的演变，生命的进化和人类的出现描绘出来，并尽力选择通俗易懂的语言使公众理解。他不仅是一位横跨数学、物理、生物、自然等多学科的科学家，还是一位热衷于科普事业的作者。

法国里昂有一所以他的名字命名、以交叉学科为特色的研究院——米歇尔－塞尔研究院（Institut Michel-Serres），这里汇聚了生物学、生态学、地理学、社会学、哲学等领域的研究者。研究院的任务是围绕“自然资源”和“人类共同的利益”两大主题，探索如何增强公众对自然资源的认知，以及如何高效、负责地使用自然资源。

塞尔的一生活动丰富，他既是一名科学史学家，又是一名认识论的哲学家。①

译者简介

左芝欣，北京语言大学法语系2021级博士研究生，研究方向为篇章语言学。

① 本篇介绍参考了以下网址：
Michel Serres-Wikipédia (wikipedia.org)；
Université Toulouse 1 Capitole-Conférence-débat avec Michel SERRES-“Le temps des crises” (ut-capitole.fr)；
Institut Michel-Serres-Wikipédia (wikipedia.org)；
Le philosophe et académicien Michel Serres est mort (lemonde.fr)。——译者注

讲 座 正 文

今天我从语言角度谈谈科学和语言。

1914 年一战前夕，讲阿尔萨斯语、庇卡底语、布列塔尼语、巴斯克语、奥克语、普罗旺斯法语、科西嘉语等各类地方性语言[①]的法国人占总人口的 51%。出于练兵的需要，各级军官（旅长、连长等）需掌握这些地方性语言，方能与农民出身的步兵进行沟通，指挥他们作战。你瞧，不到一个世纪前，法语还不是法国的主流语言。一百年后，情况发生了巨大变化。为什么会出现如此迅速的转变？第一个原因是，残酷血腥的第一次世界大战夺去了成百上千万步兵的性命，农民出身的他们正是地方性语言的使用者。接下来的几十年中，农民数量骤减，今天农村人口仅占总人口的 0.8%，而在 20 世纪初这个比例远高于 50%。由于缺乏使用者，阿尔萨斯语、庇卡底语等各种地方性语言逐渐衰落，甚至消逝。第二个原因是，农村的生活、习惯发生了翻天覆地的变化，大量农用工具、物品被新事物取代，导致地方性语言不再能够指称现代社会中的事物。面对地方性语言逐渐衰退之势，一些有识之士建议，应在中等和高等教育中加入地方性语言的教学，从而起到保护和传承地方性语言的作用，不过其教学效果没能抵挡住它们的缓慢没落。

在此我想给出解释，可能有点不合常理，即这类在中高等教育中开展的地方性语言教学主要面向文科班级和人文社科类专业的学生，而文科生学习的语言是研究人类、人际关系的语言（la langue des hommes, la langue des relations humaines），不是事物的语言（la langue des objets）。那么我想提出以下问题：是否可在各类自然科学的教学中加入地方性语言教学，使地方性语言具备指称自然科学模型的能力，从而得以保存和传承？从语言生灭的问题出发，我们确立了两场讲座的题目“语言与科学：语言的生灭与科学之间的关系”。

我的一生见证了一些语言的生灭。我父母讲加斯科罢语（gascon）和凯尔西诺语（quercynois）。过去我也说这些语言，但是现在不说了，

---

① 原文中是 langues régionales，不是 dialectes，因此在本文中均译作地方性语言。——译者注

因为没有使用这些语言的对话者，还因为缺乏需要使用这些语言进行指称或构建的事物。这里可以提几个问题：语言是怎样灭亡的？是否应畏惧一些语言的消亡？比如，某一天我们的语言——法语——消失了。要想回答这些问题，我想首先提出另一个问题并给出我的回答：什么是有生命力的活的语言（une langue vivante）？

在我看来，有生命力的语言是一种能量（puissance），我会好好解释一下“能量”这个术语。能量的含义是“潜能、能力”（potentiel, capacité）。有生命力的语言声称自己具有表述一切的能力。它能够描述农学、几何学、医学、宗教学等各类学科，表达爱情、同情、羡慕等各类情感和情绪，描写高山、大海等各种风景，它能够创作诗歌，表述抽象的、具象的、可见的、不可见的、可感知的、不可感知的事物和概念，比如指称各种类型的鱼、工具、行业等。可以说世界上不存在一个地方、一种人际关系、一个生命体的一种态度或行为是语言无法表述的，是语言无法赋之以动词的。语言可表述一切事物，似水、风、空气一般渗透于其中，语言既有数学的严谨性又有实验科学所看重的度量上的精确性。语言无处不在，它是可表述一切的力量。语言表述事物的能力越强，语言就越有生命力。反之，如果一门语言仅能表述我刚刚提及的某个领域，那么它将逐渐失去它的使用者，走向灭亡。一旦一门语言不再能够指称某个事物，例如大海、农民群体、爱情或情绪，一旦它的表述范围中失去了某个语料库（哪怕只有一个），一旦它丧失了对某一领域（哪怕只有一个）的表述能力，那么它正渐渐地、无可挽回地走向灭亡。

这就是为什么我说我的一生经历了一些语言的消亡，主要指的是一些地方性语言，比如从巴斯蒂亚至博尼法乔[①]的各种语言，在座的各位可能有些人还会讲这些语言。为什么这些语言消亡了？因为它们在某个历史阶段无法表述某个几何概念或生化现象。另外，科西嘉岛的人民也经历了通用语（la lingua franca）缓慢的消亡过程，该通用语是地中海沿岸人民在好几个世纪期间为方便海上贸易往来而使用的交际语言，今天已不复存在。

---

① 巴斯蒂亚和博尼法乔是法国科西嘉岛的两座较大城市，前者位于最北边，后者位于最南边。——译者注

我再重复一遍：什么是有生命力的活的语言？有生命力的语言是一种能量，它具有表述一切的能力。但是还有更重要的一点：它具有把尚不能表述的事物表述出来的能力。它可以即兴发挥，发明创造新的词语词义；它可以适应新事物，以开放的胸怀迎接未知的、不可预知的事物。一门语言的创造能力越强，即把尚不能表述的事物表述出来的能量越强，它的生命力就越强。一门不再创造的语言恐怕已是死去的语言。这是我给出的语言定义的第二点，我非常看重这一点，即如果一门语言不再发明创造，那么可以说它正在死去。以上就是我对“语言”这一概念能给出的最精确的定义了。语言是一种能量，一种潜能。语言与其说是一种存在，不如说是一种能量。它能够表述一切，像水、像空气一般渗透于万事万物之中，语言就是这样一种能量。我再重复一遍，语言越是能够创造，推陈出新，发明创造出新的、事先无法预知的语言元素，它的生命力就越强。

在这一点上，我想把我刚才讲的内容与一些工具做一个简单的、具象的类比。某些工具具有特定用途，比如锤子和钳子。它们能够发挥作用，辅助人们作业的前提是它们具备特定用途。一旦其用途不复存在，人们就会扔掉这些工具。这些报废的工具只能流向车辆报废场或垃圾场。但是还有一些工具，它们的用途不大，如钢琴、吉他、小提琴等乐器。在这些乐器上我们可以演奏人类创作的所有乐谱，可以奏出既有的全部曲调，但是还有更重要的一点：我们可以即兴发挥，创作出新的、前所未有的乐曲。你看这与我刚才讲的语言的情况类似。一些工具具有特定用途，但是另外一些工具，在我看来，与其说是实实在在的工具不如说是力量。要谨慎面对“这个东西有什么用？”这个问题。在回答这个问题时，我们有种感觉，好像要给类似绷带这样的东西下定义，这样的定义能瞬间显露出物品使用者的老式老套。我对那些用途“不大”的、功能无法预先想到的事物更感兴趣，我再举几例予以说明。

第一个大家熟悉的例子是“手”（main）。“手有什么用处？”我回答不了这个问题。手可以抓取、击打、指示方向、抚摸伴侣、演奏钢琴或小提琴，还可以做许多我想不到的事情。我们可以用手进行发明创造，创造出新的手工手艺。简言之，我们总是能以一种新奇的方法使用手。

第二个例子是“身体”（corps）。哲学家斯宾诺莎曾说：“身体不是一种存在，而是一种力量。”的确如此，身体可以做许多事情，身体也是这样一种力量。身体、手、乐器，这些生命体或物品能够得到界定，不是因为它们是一种存在，而是因为它们是一种力量。从某种程度上讲，语言也是如此，语言像手、像身体、像我刚才提到的乐器那样具有力量。

我想你们今天早上就打开电脑了，你们说说，电脑有什么用途？电脑可以做一切事情，可以说电脑是一个万能的工具。语言也是如此，语言是一个万能的工具，我不确定语言是否是一个工具，但是语言是一种万能的力量，具有全能性[①]。我刚才提到的各类事物、生命体都具有全能性。我刚才谈了音乐和乐器，我还可以谈舞蹈。你看，一个舞蹈演员可以做出成千上万、预先准备好的或临时发挥的动作和姿势，这些动作和姿势没什么用处，但是也许某一天在特定场合下就能派上用场，为我们所用。

在杰出的数学家面前我真的不好意思开口讲话，但是抽象数学完全具有这个特点，即全能性。抽象数学可以表述一切，它是一种语言，可能是唯一一种其全能性可与我刚才讲的语言相媲美的语言。我一会儿再回到数学上。

我们把语言定义为万能的能量、具有全能性，而一些人却喜欢把语言的定义限于交际范畴。他们说，语言为交际服务，语言服务于人与人之间的沟通交流，服务于人际交往、媒介传播，服务于社会生活、政治生活和群众生活。从某种程度上讲，他们认为语言是一种交际工具。这是不对的，因为语言除了用于交际，还可以做许许多多其他的事情。你还记得我刚才对两类语言——人类的语言和事物的语言——所做的区分吗？如果语言可以表述一切，那么语言既是人类的语言也是事物的语言。语言塑造了人的个体存在，包括躯体存在和精神存在，还从根本上建构了人类的命运。如果语言用途仅限于沟通交际，限于社会言论和政治讲话，如果语言仅有这样的用途，我们就成了严格意义上的政治动物，如蚂蚁、白蚁、蜜蜂一般。这种认识是一种巨大的威胁，一直暗中窥伺着人类，并且在今天愈演愈烈。

---

① 法文是 la totipotence，指生物学上细胞的全能性，即每个细胞均可发育成一个个体。——译者注

现在，我想先放下这些比较抽象的定义，给大家讲一个古老的故事。在古希腊文明的开端，远在璀璨的希腊文明创造出几何学之前，希腊语中有一个词用来指称“真相”。为了指称真相，荷马时代，不是古典时代的希腊人把真相叫作“aléthéia”。众所周知，在印欧语系中前缀“a-”或“alpha-”用于否定紧随其后的词根，那么“aléthéia”的意思是“léthéia”的反面。“léthéia”从专有名词“le léthé”衍生而来。“le léthé”（勒特河）是地狱的一条河流，人们渡过此河进入地狱。一个人死去后就站在地狱的门口，站在勒特河的一侧河岸。在那里冥河摆渡人划着小船载上刚刚死去的人，把他们送到对侧河岸，之后他们便消失在地狱深处。“léthé”在希腊语中的意思是“遗忘”。这是因为一个刚刚死去的人一旦渡过了勒特河，便消失在无尽的黑暗中，同时立刻被活着的人遗忘，人们立刻忘记了他曾经存在过这个事实。因此“死亡”意味着“被人遗忘”。但是，有一些死去的人有在对侧河岸重新上船的殊荣，他们重新登上小船回到了起初站立的这一侧河岸。那么“aléthéia”的否定前缀“a-”表示的意思与勒特河的功能相反：不是遗忘，而是重新记起。的确，我们会记起某些逝去的人，如航海家奥德修斯、特洛伊战争中立下显赫功勋的阿喀琉斯、亚历山大大帝等。我们为什么会记得这些人？古希腊人认为原因很简单，因为我们一直谈论他们。由于他们成就辉煌，名扬天下，由于历史学家反复论述他们的成就无可争议，所以众人记得他们。“aléthéia”表示“真相”，是因为真相由社会荣誉定义，即由人们的言论定义，如：“这是真的吗？是的，大家都这么说。”“这是真的吗？是的，荷马这么说过。”“这是真的吗？是的，记者都这么说。”“这是真的吗？是的，电视上这么讲。”“这是真的吗？是的，政治家都这么说。”好了，我们都陷在舆论之中。真相是什么？真相就是社会的普遍认同。

那么什么是科学？希腊人能够创建多门科学，如几何学、证明论、其后的物理学和众多其他类型的逻辑推理的原因是，在某一时期一些希腊学者坚决反对“aléthéia”的含义。他们认为，真相绝不等同于社会关系，不等同于一些社会人士的言论，即真相不是社会的一致认识。我们可以与社会的普遍见解不同，但是仍处在真相中，此时社会的普遍见解是有误的。一些哲学家、数学家、几何学家正是通过拒绝“aléthéia”

古老的含义才创立了科学。今天“alétheia”的含义仍然是“真相”，不过是经数学论证出来的、物理实验得出的、测量出的真相，具有严密性和精确性。“科学真相”的概念中需要摒弃社会认同的含义，舍弃公众言论、社会人物的意见，将社会中信息传播者（而不是信息辩读者）、演讲者、话语权掌控者的意见忽略不计。之后我会谈谈掌控话语权的人。

科学就是这样，以无视公众言论的姿态在希腊语中诞生。公众意见不能反映真相。真相是由舆论之外的其他事物建立起来的。这就是为什么我给语言和科学下的定义不同，语言是一种能量。现在回到我刚才给出的语言的定义，并提出如下问题：既然语言是一种万能的、可表述一切的能量，我们是怎样使用这个能量的？其答案与我之前讲的工具、电脑、也许还有数学的使用方式类似，我们利用的语言能量可能不到语言本身能量的千分之一。我们使用的电脑功能可能只是电脑功能的千分之一或百分之一，至少我是这样。我们真的充分使用了语言的全部能量了吗？答案显然是否定的。我只用了语言全部能量的一点点。现在我好好讲讲这个问题。

为了使表述更加清晰、具体、简洁，我想把语言——我刚才论述了它的首要功能——比作一块浮在海上的冰山。冰山露出水面的部分仅占冰山全部体积的一小部分。类似地，我把从语言中浮现出来的部分称作“普通用法”（usage）。现在我详细地讲讲普通用法。

我举个例子，比如一个句子“Je vais prendre une corde pour lier un bouquet de fleurs.”（我要用根绳子把一束花捆起来。）这是我随便说的句子。我用了“corde”（绳子）这个词和“fleur”（花）这个词。在阿雅克修（Ajaccio），身为船员的你们知道，船上从来不存在一些“cordes”。在船上有“aussière”（缆索）、“bitord”（粗麻线编的缆绳），有千百种绳索的名称，但是不存在“corde”这个词。因此“corde”这个词进入了普通用法，但是该词在船上派不上用场，对使用各类绳索的专业人士——船员——来说没有任何意思。船员使用各类绳索，但是在交际中从不会使用“corde”这个词。建屋架的粗木工从不会使用“poutre”（梁）这个词，他知道什么是“arbalétrier”（主椽），但是他不知道什么是“poutre”。类似地，植物学家或花农从不会使用“fleur”这个词，他知道什么是“violette，campanule，lis，rose”（紫罗兰、风铃草、百合、玫瑰）。对了，“rose”这个词还是很抽象。所以你瞧，有两类词汇。一类词汇是位于普通用法中的词汇，位于冰山的上部，如“fleur，poutre，corde”。这些词在使用时具有的含义非常抽象，这是一种索然无味的抽象，船员、屋架工等各行各业的专业人士不明白这些词的含义。何况“aussière”下面还可分为几类，如“traversier”（锚索）、“la garde montante/la garde descendante”（前者包括首倒缆和尾缆，防止船向前移动；后者包括首缆和尾倒缆，防止船向后移动）等，“aussière”一词还是非常抽象。可见当我们进入专业领域，进入具象的世界中，就遇到了术语。术语的含义一般是单一的，“arbalétrier”用于指称屋架上的特定梁木，“aussière”“garde montante”“cordage”（船上的缆绳）用于指称船舶上的特定绳索，不指其他事物，所以都是术语。但是“corde”一词不是术语。

在此我想告诉大家作家遇到的一个重大难题。作家很不幸，每时每刻他不得不在“aussière”和“corde”之间进行选择。如果他用后者，他的文字可为所有人理解，但是读他作品的船员会说：“这个人在绳索方面一无所知。”在作品中使用“poutre”的作家可为所有人理解，但是读他作品的屋架工会说：“作者在梁木方面一无所知。”由此可见，我们不停地在常用词同时是多义词（比如可表述多种事物的 corde）和术语同时是单义词之间进行选择。前者含义丰富，但是比较空洞抽象；后者具有非常准确的含义，如“aussière”等，但总是位于冰山吃水线的下面。一门语言中，普通用法位于冰山吃水线的上面，吃水线的下面有：生物学家的语言、环卫工人的语言、船员的语言、神父的语言、农民的语言、核物理学家的语言、植物学家的语言等等。语言是什么？语言就是所有专门习语用法（idiolecte）的总和。在我看来，专门用法指的是屋架工的语言、核物理学家的语言、数学家的语言——何况“数学家的语言”依然指示不明，因为下面还可分为拓扑学、代数学、概率论等类型的语言——所以有成千上万种语言，专门用法非常庞大。注意，语言就是这样一座冰山，由吃水线以上的普通用法和吃水线以下无数的专门用法构成。因此有这样一个定理：语言拥有的专门用法越多，专门用法越精确，语言就越丰富，越具有活力和创造力。因为语言在不停地丰富它的专门用法。当然，位于吃水线以上的普通用法非常抽象模糊，我甚至想说，掌握普通用法不需要文化知识。我们通常使用的普通词汇与专门用法使用的词汇没有交集。大家可能都知道，法语是所有语言中专门用法总和最古老、最丰富的语言之一，因为法语中各学科语言形成的时间比其他语言中要早得多。中国人把法语叫作“法律语言”，因为法语中法学领域的专门用法总和可以算是世界上最古老的。因此，法语的专门用法总和非常庞大，并且涵盖所有类别的科学。即我刚才提到的各类科学，如可分成若干板块的数学、物理、地球生物学等，它们使用的语言均是专门用法。专门用法是这样一种语言：其中的词语都是术语，每个词语的含义能少则少，只有一个含义最好。这也是我们能给出的科学语言的定义。

科学语言是一种很难掌握的语言。我永远都会记得 22 岁时我第一次登上军舰的情景。我发现，军舰上使用的语言与码头上的语言毫无联系。海军下士给我下的第一条命令，我一点没懂，好像他说的是中文似的。我恭敬地提出疑问：“这个词是什么意思？”他友好地向我解释我问的词的意思，但是在解释中他使用了 4 个我不认识的词。我继续问这 4 个我不认识的词的意思，结果在他的解释中我遇到了 17 个我不认识的词，依此类推。可以看出，你在逐渐进入一门专业性极强的语言，是这个行业的语言，海员的语言。神奇的是，三周之后你就可以流利地使用这门语言，好像你从出生起就会讲这门语言一样。所以，这些语言很难掌握的原因是其中的词语都是术语，从这个角度上讲，这些语言是专门用法。

当你进入数学领域，进入拓扑学，或者进入植物学等科学领域，你就进入了一门新的言语（un langage nouveau）。我现在要提出的问题是，共同组成科学语言（la langue scientifique）的这一系列新的言语（cet ensemble de langages nouveaux）是什么？在谈论这个问题前，我想回到我的冰山之上。

你们再想一下这个冰山，它的一小部分在吃水线以上，代表的是语言中不需要文化知识就能掌握的普通用法，如我们在街上、在学校里讲的法语；它藏在水面下的巨大体积代表的是各行各业、各门学科里讲的语言，这些语言很难掌握，但是表意精确，词语含义单一。我刚才提到，语言可表述一切，并且我把这种可表述一切的能力称作全能性（la totipotence）。“toti”的意思是全部（tout），“potence”的意思是能力（pouvoir）。有时候会发生这样的情况：由于部分冰块融化，冰山突然翻转过来，这是船员们都惧怕的情形。如果这个情况发生，而你的船又恰巧离冰山不远，你就很可能遭遇沉船事故。现在我谈谈语言这座冰山翻转的情况。这种情况的确存在，它是怎样发生的？其实很好理解。这是因为一种专门用法在所处的社会中变得非常重要，以至于突然间它取代了语言的普通用法。突然间大家普遍认为，这种专门用法，这一行业的语言用法已成为全社会通用的语言，可代替其他语言用法。

最近大家可以观察到这样一个事实：所有人都在谈论经济、金融、工作、失业等经济问题。可能你们已经注意到了。的确，突然间这门涉及经济、金融、贸易领域的语言变得异常重要，以至于大家都觉得，所有人都在使用这门语言。这一专门用法夺取了语言（langue）的力量，冰山翻转。有一些原因可解释这一点。经济、金融、财富等领域的语言在今天是如此重要，其真正原因是钱是全能的、万能的。钱是什么？众所周知，钱是一般等价物。有钱的话，你就可以买到桌子、椅子，买到食物、庄园、别墅等。所以钱是万能的，我们可以在一切时间一切地点使用金钱。于是与“钱”有关的语言进入普通用法，冰山翻转。突然间我们的社会不再使用自己的语言——可表述一切的能量，而是将使用的语言限定为一种专门用法，即与钱有关的专门用法。这也就是为什么今天在广播、电视、报纸等媒体上大多数人只谈经济、财富。这一专门用法占据了上风，可表述一切的能力落到了财富语言这一专门用法的手中①。

这是必然的发展方向吗？我不这么认为。我想举几例予以说明。我年轻的时候深受几位前辈，特别是人类学家乔治·杜梅齐尔（Georges Dumézil）的影响。他在所著的四十多本书中写道：“自古以来印欧社会（les sociétés indo-européennes）具有三种功能：宗教功能、军

① 财富语言占据了普通语言的地位，通过类比、暗喻等机制具有了可表述一切的能力。比如今天在日常生活中我们使用的“机会成本、沉没成本，及时止损，边际效应”等词语均来自经济学。通过暗喻，它们可描述日常行为方式，描述范围扩大。——译者注

事功能和经济生产功能。”他把宗教功能称作朱庇特神，军事功能称作玛尔斯神，经济功能称作奎里努斯神——这些都是罗马神话中的神，朱庇特神主管宗教，玛尔斯神主管军事，奎里努斯神主管经济。他说，印度—欧洲各个社会大致都有这三个功能，于是社会可分出三个阶层，或者说三个团体（caste）：神父，军人，农民、商人等从事经济生产和贸易的人员。然后他补充道，印度—欧洲各个社会的历史可分成三类阶段：某些阶段宗教人士拥有震慑力、权力、话语权；某些阶段军队拥有震慑力、权力、话语权；另外一些阶段经济学家，财富、贸易、经济生产者拥有震慑力、权力、话语权。因此，这块冰山仿佛翻转了三次。换言之，无论哪种情况发生，都是一种专门用法占领了普通用法的地位，而且都非常名正言顺。的确，上帝是万能的，所以宗教人士有理由拥有震慑力；武装力量最为强大，没有什么能与之抗衡，所以军队拥有震慑力；钱是一般等价物，所以财富有理由拥有震慑力。因此，这三种专门用法均有权取代普通用法。你瞧，今天对我们来说金钱是一般等价物这个事实，即财富语言这一专门用法在日常谈话中取代了语言的全部这一现象，不过是某历史规律的第三种变形。我们可揭开此规律的面纱，然后说：“这一现象之前见过，在其他历史阶段出现过。”

我们会不会有一天从这一阶段走出呢？这是有可能的。正如我们曾从神权统治和封建统治的历史阶段中走出一样，也许有一天我们会从富豪统治的现阶段中走出。毫无疑问，这与影响力有关。现在你们应该明白为什么刚才我把语言定义为一种能量，并且应全方位对“能量”字眼进行理解。

我已对语言整体做探讨，现在我回到刚才谈远古时代时已涉及的科学语言演变史。我刚才提到了“aléthéia”这个概念，对不对？你们还记得吧？科学家努力说服公众，使公众相信真理不是与群体意见直接相关的。那么科学家是怎样逐步建立真理的？答案是，通过不断地创造语言。具体来说他们是怎样做的？建立了几何学的古希腊人创造了一门语言，一门几乎是自成体系的语言，该语言精华在欧几里得的《几何原本》一书中得以充分展现。《几何原本》一书使用的是一套完整的、完美的、完全形式化、格式化的数学语言，其中的公理、公设、定义，以及推导出的众多定理均是用该语言表达的。这种语言与古时的几何语言毫无关系（在古时的几何语言中，古希腊人把平面叫作 chroya[①] 或 chroma，意思是“颜色”。之后他们才慢慢地把“平面”的定义抽象化，使之靠近《几何原本》中语义较单一的语言）。所以第一步是，以欧几里得为代表的古希腊人创造出几何语言；第二步是，在中世纪一些代数学家的建议下，代数学逐渐采用并完善了这门语言。

我讲快一点。随着笛卡尔等杰出数学家的不断探索，几何语言、代数语言、微积分语言等诸多语言先后出现并发展，各门语言在对应的领域中表意愈加贴切准确。然后在 17 世纪诞生了一门新的语言，构成了一件惊天动地的大事。是伽利略说的这句名言：“对自然万物的描述需用数学语言。”在他看来，自然万物讲的语言就是数学语言。你们还记得吧？刚才我在谈地方性语言时对人类的语言和事物的语言做了区分，该区分是为这里准备的。伽利略认为，数学语言不一定在我们的日常交际中使用，但是在描述事物时需要使用。换言之，自然万物的法则已用数学语言编码。因此数学和物理学中的定义仍然是语言上的定义。

不过，科学语言发展最为鼎盛的世纪当属有着启蒙时代之称的 18 世纪。那时人们编纂囊括所有科学知识在内的百科全书。说到百科全书，不要忘了这是一部词典，那么在词典的编纂过程中需创造由科学词语组成的语言，且这一创造需得到当时所有语言哲学家，特别是孔狄亚克的支持。这一时期出现了几种科学语言，引人瞩目。拉瓦锡借助简单的词素，通过建立一套化学单词的构成方式创造出专门的化学语言，今天为我们所用。瑞典科学家林奈（Linné）用拉丁语对各类动植物进行描述和分类，他的努力使自然历史语言得以系统化和规范化。在此我还想赞美一下 18 世纪，不仅因为该世纪创造了新的科学语言，如化学语言，完善了自然历史语言，还因为该世纪见证了另外一些优秀语言的诞生，如盲文和德雷佩神父（l’abbé De l’Epée）创造的手语。二者均是在各种专业语言（包括行业语言和科学语言）创造的潮流中问世的。你瞧，18 世纪见证了各类语言的创制，科学语言的创造只是其中一类而已。

当然今天我们还使用另外一种语言，即计算机语言，我甚至认为，

---

① 经过大量的资料查找，我们仍不能确定 /kroja/ 的读音在古希腊语中的正确拼写，因此暂写作 chroya。——作者注

我刚才提到的所有语言的创造者应该是艾伦·图灵[①]。为了活跃气氛，我想讲一下图灵先生的故事。艾伦·图灵在1935—1936年是剑桥一所初中的算术教师。1939年二战爆发，图灵应召入伍，由于他懂算术，被安排到英国海军部从事密码破译工作。你们大概知道，二战期间德国海军制造了一个非常复杂的机器名叫Enigma，该机器可把德国海军部发送至各个舰船的信息予以编码，图灵负责破译已被编码的信息内容。他成功了。他设计了一个机器，一款可把德国海军内部交换的信息全部破解的机器。于是从某种程度上说，图灵赢了战争。因为整个战争期间英国及盟国海军部既对德国海军的种种作战计划了然于心，又在举动上尽力向德国隐瞒他们已掌握德国军事机密的事实。所以说，图灵这一方早已取得了战争的胜利。战争结束后，这位谦逊低调的数学家回到了他的家乡，继续在剑桥教授算术。三年后他遭遇了入室盗窃，他去警察局报案。警察问他："您知道可能是谁作的案？"他回答道："嗯，我非常清楚是谁做的，是我的情人。我是同性恋，一定是我的情人偷了我的全部财物，因为他有我房子的钥匙。所以我要起诉他。"警察问道："先生您是否知道英国法律会对同性恋者判处刑罚？"于是图灵反而成了法庭审判的对象。图灵面临的是在坐牢和接受特定药物的治疗之间进行选择。由于他无法忍受药物治疗的巨大痛苦，最后他选择了自杀。大不列颠联合王国杀死了本国的救命恩人。这是不是一段"漂亮"的科学史？英国法律亲手杀死了曾为英国赢得战争的人。

不管怎样，图灵创造了今天的计算机算法语言。快速地回顾历史后，你们是否可以看出，我想研究一些事物，对这些事物的探究促使我得出如下合理的结论。我在开头讲到，语言是一种能量，具有可表述一切的能力和潜力。不仅如此，语言还具有极强的创造力，可以创造新事物，之前从未见过、从未预料到的事物。我感觉，我刚才描述的科学语言的逐步发展和完善展现的就是语言的能量。各门科学创造自己专门用法的过程就是语言渐趋完整的过程。科学是什么？科学就是可表述一切的能力。这种能力不仅体现在严谨的、学科内通用的语言用法上，还体现在表意单一的语境下个人用语的精确性和个体之间用语的差异性。这

① 艾伦·图灵通过创造计算机语言，使过去人类创造的所有语言得以计算机化，故塞尔先生称图灵先生为"所有语言的创造者"。——译者注

也是为什么我认为科学语言是一种可把我们从其他力量的控制中解脱出来的力量，特别是在今天这个时代背景下，从财富控制中解脱出来。因为科学具有的全能性使之可与财富的力量相抗衡。诚然金钱是一般等价物，但是科学也是一种万能的力量，一种可与财富抗衡、使我们免受财富影响的力量。

在这一点上我还可以做出另外一个结论。在公开表明我的立场，并向你们阐述我对科学的坚定信心之后，我想回到语言的诞生和消亡问题，回到我亲身经历的语言的生灭现象。它使我有时感觉自己像一只受伤的鸟儿，还使我对如下问题进行思考：诚然，语言具有可表述一切的力量，可是它是怎样表述一切事物的？我认为，每门语言均从独特的视角出发看待客观事物，每门语言看待世界的角度各不相同。法语看待世界的方式不同于英语、葡萄牙语、西班牙语等其他语言看待世界的方式。这就是为什么我说词典一定是谎言的合集。因为一门语言中的词语绝不能用另一门语言中的某个词语翻译，而是在相当宽泛的语义场中借助巧妙的模糊方式翻译出来。因此词典上的词语对应不可信，每门语言均以某种特定的、独一无二的视角看待世界。

人类在地球上同时使用好几千种语言的现象与动植物学范畴内的生物多样性有异曲同工之妙。语言上也存在一种多样性：每种语言对客观事物或人际关系，对事物的语言和人类的语言均持有独到的看法。这种独特视角是如此珍贵，以至于任何一门语言的消亡都会使我倍感惋惜。这就是为什么我在讲话开始时对地方性语言的消逝表示哀悼，因为地方性语言对客观世界，比如对乡村事物，也持有独特的看法，它们的逐渐没落，逐渐退出历史舞台真的令我万分遗憾。假如某一天法语死去了，这意味着什么？换句话说，今天的科学领域中全世界的人只用一门语言——英语，这提出了一个不容忽视、值得深思的问题：如果一门语言作为可表述一切的力量在对世界的描述中真的持有独一无二的视角，那么当全世界的人只用一门语言的时候，我们失去的会是什么？答案不言自明：我们会失去其他所有语言对世界持有的独到看法和角度。如果语言不仅是可表述一切的力量，还是一种创造力——像我刚才讲的那样——可创造新事物，创造之前从未预见的事物，那么当全世界的人只用一门语言时，我们是否失去了所有被弃置不用的语言中，每种语言所独具的创造力和独特的创造方式？这的确引人深思。

不过这个问题的答案与问题本身一样明朗，我的意思是，任何时代，任何一个历史阶段都有一门用于交际的语言（la langue de communication），英语不过是人类历史上第五个或第六个用在科学、贸易领域与各国人民交往的交际语言。在你们熟悉的地中海盆地，希腊语是长达数世纪的交际语言，以至于希腊语还有一个称呼叫“Koine”，意思是通用语。过去犹太人使用的“synagogue”（犹太教堂/犹太人集会）、埃及人使用的“pyramide”（金字塔）和基督教徒使用的“Evangile”（福音），三个词均出自希腊语的事实就是佐证。所以当时的“Koine”是希腊语，所有人使用希腊语。另外，今天的科学领域中也有许多单词源自希腊语。我想做一个生动的比喻：希腊语和拉丁语既是已经死去的语言，又在今天的科学语言中保有一定的活力，有点类似已经灭绝的恐龙在今天的鸟类中保有一定的活力。众所周知，鸟类是恐龙的后代，今天科学家使用的希腊语和拉丁语就与源自恐龙的鸟类有相似之处。所以希腊语和拉丁语曾是交际语言。当然，在17、18世纪和19世纪的一部分时间里法语曾是交际语言。19世纪末交际语言又差点回到拉丁语身上，因为那时的欧洲，无论是数学还是其他领域，所有文本均是用拉丁语写成。但是这一转变没有实现，交际语言在二战后落到了英语身上，并延续至今。明天的交际语言可能是北京话或汉语普通话——地球上使用人数最多的语言，谁知道呢？但是目前交际语言仍是英语。那么我们需思考的问题是：我们是否要使用有别于法语的另一种语言（即英语）教授科学？

这个问题值得深思，但是很难回答。因为两个对立的观点在相反的方向上都具有说服力。一方面有必要确立一门交际语言。这是合理的、正常的，对科学家之间的交流大有裨益——大家不能各说各的语言——所以有必要确立一门大家共享的语言。这不仅有利于交际，而且有史可鉴：任何一个历史时期都有交际语言。但是另一方面我们需要思考的是：如果某一天我们不再使用法语教授科学课程，我们失去的是什么？

这让我联想到弗朗索瓦一世之前的那个时代，“父亲”的语言和“母亲”的语言（la langue paternelle/maternelle）同时存在的中世纪。父亲的语言是拉丁语，因为父亲可能是律师、医生、法学家等，所以父亲使用拉丁语；母亲的语言是法语，人们在家庭生活中使用法语。那么科学家是不是也应成为双语人，讨论科学时使用英语，其余时间使用法语？那将是向中世纪的一种回归、一种倒退。翻译软件能否挽救诸如法语等地方语言（langues vernaculaires）的命运？我们拭目以待。最后我以一个问题结尾，我不知该怎样回答这个问题：法语会不会像科西嘉语等地方性语言一样，某一天从地球上消失，或者某一天我们意识到地方性语言的珍贵——比如我的母语加斯科罢语——就予以纪念和保护了呢？

第三部分

法国语言学前沿译述

第十九篇

语义学分析前沿——语义模块理论（TBS）

作者：马里翁·卡海尔（法国社会科学高等研究院）
译者：王秀丽（北京语言大学）、崔孟超（中国政法大学）

作者简介

马里翁·卡海尔（Marion Carel），法国语言学家，女，生于1963年，巴黎高等师范学院毕业，师从法国社会科学高等研究院的著名语言学家奥斯瓦尔德·迪克罗（Oswald Ducrot），1992年博士毕业，博士论文题目是《语言中论证理论的形式化尝试》（*Vers une formalisation de la théorie de l'argumentation dans la langue*），1995年成为法国社会科学高等研究院的讲师，2011年成为该校博士生导师。

多年以来，她一直致力于形式语义学研究，提出并发展了语义模块理论（théorie des blocs sémantiques），法语缩写为TBS。语义模块理论继承了让－克劳德·安松布雷（Jean-Claude Ansombre）和奥斯瓦尔德·迪克罗的语言论证理论，又增加了内论证概念和外论证概念，并深入发展成多种意义（复调）的论证理论（théorie argumentative de la polyphonie），法语缩写成TAP。

她的主要著作有：2011年出版的《论证结——词汇、话语与语义模块》（*L'Entrelacement argumentatif. Lexique, discours et blocs sémantiques*）、2021年出版的《论证语义学教程》（*Cours de sémantique argumentative*）、2022

年出版的《陈述与论证》(*Énonciation et argumentation*)。发表的文章主要有：2005年的《陈述句的意义建构》(*La construction du sens des énoncés*), 2021年的《政治行动的一种方式：华丽辞藻的歌唱话语》(*Un mode d'action politique: l'énonciation chantée*)

译者简介

王秀丽，巴黎第三大学语言科学博士，北京语言大学教授，博士生导师，法语系主任，三届教育部高等教育外语教育指导委员会法语分委会委员（2007—2022）。主编教材8部（13册）；主持、参与国家社科基金项目3项；主编法语理论语言学和篇章研究著作5部；主要翻译理论和哲学著作4部（篇）；发表汉法对比研究、教学研究论文40余篇。其研究推动了国内篇章语言学研究与国际前沿接轨，所编教材推动了国内法语教学改革。

崔孟超，法国社会科学高等研究院博士、中国政法大学外国语学院讲师。

译　文

1. 语义模块理论简介

语义模块理论法文原文为“théorie des blocs sémantiques”，法语缩写为TBS，是自然语言处理领域中的形式语义学理论尝试。主要概念创始人为法国社会科学高等研究院（EHESS）的马丽翁·卡海尔，由于她师从法国著名语用学家奥斯瓦尔德·迪克罗，所以也继承了老师20世纪70年代创造的语用学理论中的预设意义、蕴涵意义。语义模块理论无疑也可以算作由二者联合提出，只不过卡海尔1992年在主要概念上做了技术改进，使其更加成熟，这在很大程度上丰富了安松布雷和迪克罗缘起于古典修辞学的主题理论（théorie des topoï）及论证理论研究，也丰富了当时一直停滞不前的结构主义语义学研究。在自然语言语义计算方面，模块语义理论既尝试给出了语义形式公式，又尝试给出了哲学上的内在论阐释。语义模块理论主要主张语言意义是自主的，存在于语言体系之中，来源于语言实体本身。可以说，词汇意义不对应认知中的词汇语言实体本身的意义，而是对应潜在的陈述中的论证意义；同样，语句也不对应认知中的事件状态，而是对应具体的陈述论证语串或语段。她的这些主要观点详见2011年出版的《论证结——词汇、话语与语义模块》一书。书中她主要批驳了把言语能力归为逻辑能力的观点，语言意义与古希腊的说服修辞行为没有任何关系，与理性的演绎也没有什么关系，而是存在于论证的交织中，存在于某种“结”中，只有在论证中，词汇意义（包括连词意义）、句子意义才会产生。

2. 语义模块理论中词汇的论证意义结构

为了避免语义模块理论所提供的语义描写模型与其他众多的语义解决方案的冲突，卡海尔首先明确了语义模块形式理论针对的主要研究对象是词汇语义描写，通常归为词汇学的主要任务。其次，法文“argumentation”（论证）一词，一般指的是连续展开的语段，也就是由一个连词衔接起来的合乎语法的连续语串。两个或多个语句中这个连词的特点是具有“中断意义”，[比如“pourtant”（然而）]或是“规约意义”[比如“donc”（因此）]，也就是清算前句，另起论证（承前启后）。这当中最重要的一点是把后句放在与前句意义等同的地位上（不存在主句），两个语句句义各自独立，地位平等，两个语句之间并不存在一个派生另一个的关系。当衔接发生时，衔接词在两个句子之间。衔接词不一样，二者之间的蕴涵关系就不一样（比如因果、转折、递进等关系），但是无论关系范畴怎样，这样连续的语串就构成了一个论证结构。

在下面的例（1）“外面天气热。我要出去。”中，前句与后句是两个句义独立的地位平等的句子，并不形成一个与另一个的依附关系。

（1）*Il fait chaud dehors. Je sortirai.*

外面天气热。我要出去。

而在下面例（2）和例（3）中的前句与后句，在连词的帮助下，就形成了两个论证结构：

（2）*Il fait chaud dehors* pourtant *je sortirai.*

外面天气热，然而我仍然要出去。

（3）*Il fait chaud dehors* donc *je sortirai.*

外面天气热，所以我要出去。

最后，句子（phrase）这个术语对安松布雷和迪克罗来说是“抽象的实体，理论的语言实体，合乎语法的语言实体”，可以有多种具体形式的语句（énoncé），但并不是任何句子都是语句，需要应用到具体的陈述中。同理，一个论证结构也就只能是由不同句子构成的一个语句或语段，如例（4）：

（4）*Il fait chaud dehors* pourtant *je sortirai.*

外面天气热，然而我要出去。

例（4）只是一个语句，但是可以理解为由两个句子和一个连词组成。卡海尔的理论前提是：论证结构中的任何一个句子都会从另一个句子中获得意义，自己并没有意义，没有真值，也不是一个陈述性行为，而是需要把两个句子定义成一个连续展开的语串。因此，下面的例（5）和例（6）两个例句：

（5）*Pierre a gagné ;* pourtant *il a mal joué.*

皮耶罗赢了，然而赢得并不光彩。

（6）*Jean joue mal en ce moment,* cependant *il gagnera sûrement.*

让眼下玩得不好，但是肯定会赢。

都表示了这样一个语义论证结构：

mal jouer + *pourtant* + gagner

玩得不好 + 转折 + 赢

例（5）和例（6）都包含一个否定变量，作为推翻另一个句子意义的变量（modificateurs déréalisant inverseurs）。

例（7）是另一个更具体、更贴切的实词的例子：

（7）*Mon père était* indulgent.　我的爸爸很宽容。

该句中“indulgent”（宽容）的语义来源于后一句话语，即例（8）：

（8）Même si *je commettais une faute, mon père ne me punissait pas.*

即使我经常犯错误，爸爸也不惩罚我。

例（8）通过连词“même si”（即使）给了“indulgent”这个形容词实词很强的语义结构，这个实词结构意义的本身就蕴涵着这样的语义论证结构：

faute + *pourtant* + NEG punition

错误 + 但是 + 不惩罚

3. 内论证结构意义与外论证结构意义

为了避免语义效果的混淆，卡海尔在《言语》(2001 年第 142 期第 35 卷）发表的《词汇的内论证意义与外论证意义：迥异的特质》（*Argumentation interne et argumentation externe au lexique : des propriétés différentes*）认为语言实体（une entité linguistique）本身具有的意义属于语言实体的内论证意义，另外一些意义属于语言实体本身意义之外的外论证 [l’argumentation externe (AE)] 意义。如例（9）中的形容词“prudent”（小心、可靠）：

（9）*Il est* prudent.　他是谨慎的。

就天然具有推断出的内论证意义：

prudent + *donc* + être en sécurité

小心的 + 因此 + 安全的

但是例（10）和例（11）：

（10）*Elle va être en sécurité, Pierre est* prudent.

她会安全的，皮耶罗是谨慎的。

（11）Même si *Pierre est* prudent, *Jeanne ne va pas être en sécurité.*

即使皮耶罗是谨慎的，雅娜也不会安全。

都含有法语“prudent”一词缘自例（10）前句或例（11）后句的论证意义，这种意义被称为词汇的外论证意义。例（9）的内论证意义结构是：

danger + Donc + précaution

危险 + 所以 + 谨慎

与例（9）比较而言，例（10）和例（11）的内论证结构意义是：

prudent + *donc*+ être en sécurité
谨慎的 + 所以 + 安全的

例（10）和例（11）的外结构论证意义是：

prudent + *pourtant* + NEG être en sécurité
谨慎的 + 然而 + 否定安全的

需要提及一点：这些外论证结构意义与例词出现在左侧（前句）或右侧（后句）无关联，重要的是内论证意义和外论证意义要共现，成为综合体意义。

相应地，卡海尔也强调了内外论证结构意义和上下文意义的区别（structurel VS. contextuel）。某些词的语义在结构上依附于内外论证意义，也就可以称之为这个词的语言意义，不管它是主要意义，还是次要意义，它们是共现的；相反，某些词的语义依附临时个体的上下文，就不是这个词本身的结构意义或规约意义。卡海尔举了鲍里斯·维安（Boris Vian）的诗歌来说明问题：

J'suis ***snob***
J'suis ravagé par ***ce microbe***
J'ai des accidents ***en Jaguar***
*Je passe le mois d'****août au plumard***
C'est dans ***les petits détails comme ça***
Que l'on est ***snob*** *ou pas*

Boris Vian, « J'suis snob »

这首法语诗歌中"snob"（时髦）的意义根据鲍里斯·维安写的整段诗歌来看，诗人认为"snob"指的是八月度假时"在床上"，这是诗人自己专属的特殊意义，就是在这个上下文中的个体的意义，而不是固定的、规约的内论证结构意义或外论证结构意义上的结构意义。

至此，语言中诸如连词"mais"（但是）所表达出的否定的论证意义还没有解决。卡海尔用论证四方形模块完善了语义模块理论。假定：

A= 反对 x 是对的
B= 反对 x

那么就有如下几种可能的关于否定的论证结构意义：

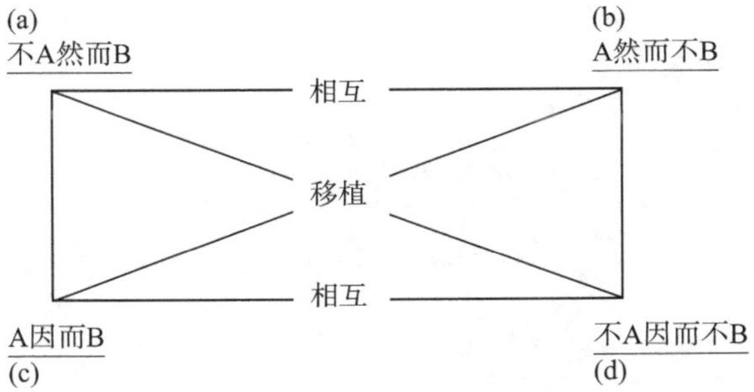

图 1　论证结构意义的四边形

4. 结论

我们的论证意义创新了自然语言形式语义分析图示，内论证意义和外论证意义更加精确地阐释了词义生成的过程。我们认为，描写一个词的语义，就是要有结构地描写出其组成的各个要素，也就是把意义的内在、外在结构意义（包括潜在的）表征出来。论证结构意义是其中不可或缺的一环，如果想呈现逻辑（非泛化）意义，显现出语言赋予这些词汇单位的穷尽性意义结构，其方法就是描写出该词出现的必要的规约性语段或语串。这不仅是打破句子，是语法命题的不断尝试，而且是形式化、公式化、可视化和可预测性的有益尝试，对自然语言处理中的消除歧义，对翻译中的意义阐释，对一词多义概念分析都有很好的借鉴意义。

第二十篇
话语分析研究的跨学科前沿：生物多样性主题

作者：李真（北京语言大学、济南大学）

CEDISCOR 简介

CEDISCOR（Centre de recherche sur les discours ordinaires et spécialisés）普通和专业话语研究中心，成立于1989年，创始人是法国外语教学家苏菲·穆元朗（Sophie Moirand）。中心位于巴黎第三大学（新索邦大学），现任负责人是巴黎第三大学语言科学教授桑德林·雷布尔–图雷（Sandrine Redoul-Touré）。CEDISCOR 汇集了来自法国多所大学的教学和研究人员，他们以话语分析为研究目标，研究对象涵盖知识传播话语（教学话语、科普话语等）、企业话语和媒体与社会话语。话语传播的媒介可以是传统媒体（印刷品、广播、电视和录音），也可以是任何类型的数字传媒（屏幕传播）。CEDISCOR 的研究侧重于话语语言学的理论框架，通过多元语料和传播媒介不断丰富理论概念。其研究旨在发现意义如何嵌入话语的物质性维度，以便描述话语的功能。同时，其研究也不排除在构建语料、分析或阐释数据的同时，借助其他学科（历史、自然逻辑、信息与传媒、社会学、人类学等）的研究材料与路径。该中心的研究成果多用于指导各种体制机构，使其话语得到有效传播并获得话语能力。CEDISCOR 研究中心旗下的出版物《普通和专业话语研究中心辑刊》（*Les Carnets du Cediscor*）创办于1992年，每期有一主题，刊登该研究中心及其合作机构的研究成果。2020年第15期，在“话语中的生物多样性：交流、传播与翻译”的主题下，该刊以开放的姿态收录了来自语言学、翻译、传播学等三个领域的8篇论文。学者们从不同体裁的语料出发，讨论了以生物多样性为主题或围绕生物多样性主题展开的话语。

作者简介

李真，北京语言大学法语系2022级博士研究生，济南大学外国语学院讲师，研究方向为篇章语言学、法汉语言对比。

正　文

话语分析从诞生之日起，就是一种综合性、跨学科的理论研究和话语实践。话语分析根植于语言科学，它以严格的语言学或非语言学的视角分析语言形式，将语言学与政治、精神分析、历史、哲学和社会学等人文和社会学科相结合①。而在今日，围绕人文科学中相似的研究对象，话语分析试图将本领域的研究结果与相关学科的研究结果进行比对，在跨学科的研究道路上更进一步。

在上述背景下，为了促进学科间的对话，自2010年以来，巴黎第三大学联合法国和欧洲多所高校逐步建立起跨学科的研究网络，聚集了来自语言科学（巴黎第三大学Clesthia语言实验室②）、翻译（博洛尼亚大学翻译学院和罗马第三大学外国语言与文学学院）和传播学（波尔多大学和波尔多蒙田大学的科学、哲学和人文学学院）等领域的研究人员。在三方视角下，该团队先后就“卫生”话语③、“幸福感”话语④和

① 以法国语言学期刊《言语》为例，第23、37、62、114、117和119期的主题分别为：政治话语、话语分析与意识形态、政治话语分析、历史与语言、哲学话语分析。——译者注

② 主要开展语言体系和话语研究。——译者注

③ 2011年5月5日，波尔多大学的科学、哲学与人文学实验室（SPH）组织了“国家和地区媒体中的卫生话语”主题研究日活动；同年的10月18—19日，该实验室又举办了“媒体与公共卫生”学术研讨会。——译者注

④ 2014年10月16—17日，博洛尼亚大学翻译学院与波尔多第三大学和罗马第三大学合作，举办了“媒体与幸福感：话语与表征”国际研讨会。——译者注

“废弃物”话语[①] 等问题开展了多项研究活动。不同学科间的交流碰撞为话语分析提供了更广阔的空间，例如传播学中普遍运用的宏观结构方法以及翻译视角下语言和文化的结合。同样，话语分析借助语言或话语的范畴探讨语言形式，通过这些微观结构方法，传播学和翻译实践能够从意义和阐释的角度，更好地理解语言行为。

继《媒体与幸福感》(*Médias et bien-être*[②]）和《废弃物的文字表述》（*Les déchets mis en mot*[③]）两部著作面世之后，该团队于 2017 年 3 月组织了一次国际研讨日活动，目的是观察生物多样性主题话语[④]。各小组在分析多样化语料的基础上，分享了各自对主题性话语的理解方式[⑤]。《普通与专业话语研究中心辑刊》2020 年第 15 期，在“话语中的生物多样性：交流、传播与翻译”[⑥] 的主题下，以开放的姿态收录了来自语言学、翻译、传播学等三个领域的 8 篇论文。本文以该期刊文章为蓝本，分别从研究视角、研究方法、未来走向和研究特点等四个方面加以总结。

1. 生物多样性主题话语研究视角是怎样的？

生物多样性何以成为话语分析的研究对象？在前言部分，期刊主编弗洛里蒙德·拉科托诺林娜（Florimond Rakotonoelina）和桑德琳·雷布尔 – 图雷明确了有关生物多样性和话语分析的基本概念，并区分了多学科（pluridisciplinarité)、学科交叉（interdisciplinarité）和跨学科

---

① 2015 年 11 月 5—6 日，在意大利的贝加莫大学，举行了题为“废弃物的文字表述”学术会议。——译者注

② Pederzoli, R., Reggiani, L. et Santone, L., éds, 2016, Médias et bien-être, discours et représentations, *Studi interdisciplinari su Traduzione, Lingue e Culture* 32, Bologne, Bononia University Press.——译者注

③ Desoutter, C. et Galazzi, E., éds, 2017, *Les déchets mis en mots*, Paris, L'Harmattan.——译者注

④ 2017 年，法国成立生物多样性署，隶属于法国生态转型部，其网站为 https://www.afbiodiversite.fr/。——译者注

⑤ 2019 年 4 月 11—12 日，研究团队在波尔多举行了题为“媒体与情感”的研讨日活动。因此次研讨不涉及主题性话语（如有关生物多样性的话语），而是采用符号学和语用学视角分析情感的媒体化，故本文不做介绍。——译者注

⑥ Rakotonoelina, F. et Reboul-Touré, S., éd., 2020, *Les Carnets du Cediscor 15*, « La biodiversité en discours : communication, transmission, traduction »，下文提及的文章均出自该期刊物，不再重复说明出处。——译者注

（transdisciplinarité）的研究视角。

法国2018年版的《小罗贝尔词典》对“生物多样性”（la biodiversité）的定义如下：生物多样性的评价标准包括环境中物种（微生物、植物和动物）的丰富程度、生物的遗传多样性和生物与周围生态系统的相互作用。[①] 虽然生物多样性是一个专门的领域，但这并不能限定相关话语的类型。事实上，以生物多样性为主题的话语有多条传播渠道：媒体话语（报刊、广播和电视）、科普话语（多出现于网络社交平台）、机构话语（有些偏政治性，如巴黎气候大会等会议上的发言；有些偏规范性，如国家颁布的实施条例）、协会话语（同样具有政治性和规范性，但与机构话语相比，言辞往往更加激进）、公民话语、科学话语和词典学话语（主要讨论由“生物多样性”衍生的固定搭配）。

期刊收录的研究成果虽然来自不同学科，但都属于人文科学大类，相似的学科属性和共同的研究对象使它们之间的对话成为可能。为了更好地理解这一研究视角，我们需要明确区分下面两点：

第一，话语分析的两种意义。主导该期刊物的是话语分析的第一种含义，也就是法国语言学家沙录窦（Charaudeau）和曼戈诺（Maingueneau）所说的“话语研究”。无论采用何种理论和方法论框架，一切以经验话语（特征）为研究对象的研究都可以归入“话语分析”的麾下。Cediscor研究中心的研究工作则体现了话语分析的第二种含义。在中心开展的话语研究中，部分研究采用了文本和语境相结合的视角；在对研究结果进行分析时，中心将“话语语言学”的理论框架与其他学科领域相结合。[②]

第二，区分多学科、学科交叉和跨学科。期刊编者认为，该期刊的研究视角集多学科、学科交叉和跨学科为一体。首先，之所以称其为多学科，是因为该项研究源自不同的学科领域，主要包括在上文中提到的狭义的话语分析、传播学、气候学，乃至哲学。其次，所谓学科交叉，一方面，从认识论角度看，话语分析或传播学的研究本身就处在学

① 法语原文：«Diversité biologique qui s’apprécie par la richesse en espèces (micro-organismes, végétaux, animaux) d’un milieu, leur diversité génétique et les interactions de l’écosystème considéré avec ceux qui l’entourent »。——译者注

② 可参考近几期的《普通和专业话语研究中心辑刊》，例如，2017年期探讨了话语分析与语言教学法的关系，2018年期从话语分析的角度看“民间语言学”（linguistique folklorique），都为“后语言学”开辟了可能的理论路径。——译者注

科交叉的地带；另一方面，之所以要促成学科间的交汇，其目的是为了理解其他学科对相似研究对象的观点，再借助其他学科的观点，反观我们自己的研究方法。最后，研究如何体现跨学科性。在同一篇文章内，通过比较专业话语和科普话语中的气候变化和生物多样性问题，气候学（被认为是一门硬科学①）与话语分析（人文科学）实现了交流碰撞。再比如，法语和英语间的比较话语分析，会帮助翻译学者们更好地界定两种语言中“生物多样性”概念所涵盖的内容。再比如，自然人类学和哲学的不期而遇，又为广义的话语分析提供了研究灵感。

而连接各学科的正是法国词汇学家马托雷（G. Matoré）所提出的“表现词”（mot-témoin），即见证人类社会重大发明或重大变化的语言对应体。生物多样性为表现词，同时具备多学科、跨学科和学科交叉三重特点。所以这一概念可以分布在各种话语体裁、各种话语群体和各种语言活动空间之中。基于此，我们很难横向综合期刊各篇论文的理论和方法论框架，但可以根据研究方法粗略地划分出三条主线。

2. 三条研究主线的主要研究方法是怎样的？

第一条主线，“话语的流动与生物多样性”，旨在研究“生物多样性”一词在各种语言活动领域的“转场性”（nomadisme），从话语语义学的角度来理解这一概念是如何构建的。雷布尔－图雷②在话语分析的框架内重新审视了“表现词”的概念。基于对“生物多样性”表现词的分析，她提出：意义的动态变化取决于语言活动领域（比如从生物学家到普通公民）和话语的流通，因此，研究者应当重视话语中意义的构建，并与话语语义学建立联系。格勒诺布尔－阿尔卑斯大学的古气候学家巴多明（Parrenin）和语言学教授瓦尔加斯（Vargas）③也关注到了话语的“转场性”。他们从专家的话语出发，落脚到大众普及型话语，从实证的角度展示生物多样性与气候变化的相互影响。

第二条主线，“生物多样性话语及其传播问题”，包括两个案例研

① “硬科学”在法语中指自然科学。——译者注

② Reboul-Touré, S., «La *biodiversité*：un mot témoin pour l’analyse du discours ».——译者注

③ Parrein, F. et Vergas, E., « Biodiversité et changement climatique : entre discours du spécialiste et discours vulgarisé ».——译者注

究。比萨大学的博士研究生阿特鲁亚（Attruia）[①]探讨了欧盟关于生物多样性的机构话语，她认为，机构话语的作者更关注话语的传播效应，因此，机构话语往往兼具教育性、程序性和普及性。格勒诺布尔－阿尔卑斯大学的科尔曼（Kohlman）[②] 教授以法国皮拉公园为例，研究 2010—2015 年该公园对生物多样性的宣传策略的演变。

例 1：以欧盟针对“过度捕捞”发行的宣传册为例，宏观文本结构提供了两种不同的传播机制：一是图 1 所示的“常见问题（FAQ）”板块，二是图 2 所示的“你知道吗？”板块。这两种机制结合了普及性和教育性话语，因为两者都基于一种虚拟的对话关系：对话的一方是提问的潜在学习者，另一方则负责回答这些问题。

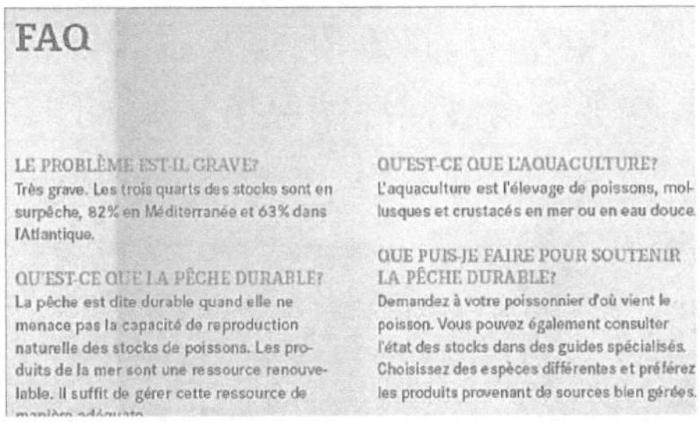

FAQ

LE PROBLÈME EST-IL GRAVE?
Très grave. Les trois quarts des stocks sont en surpêche, 82% en Méditerranée et 63% dans l'Atlantique.

QU'EST-CE QUE LA PÊCHE DURABLE?
La pêche est dite durable quand elle ne menace pas la capacité de reproduction naturelle des stocks de poissons. Les produits de la mer sont une ressource renouvelable. Il suffit de gérer cette ressource de

QU'EST-CE QUE L'AQUACULTURE?
L'aquaculture est l'élevage de poissons, mollusques et crustacés en mer ou en eau douce.

QUE PUIS-JE FAIRE POUR SOUTENIR LA PÊCHE DURABLE?
Demandez à votre poissonnier d'où vient le poisson. Vous pouvez également consulter l'état des stocks dans des guides spécialisés. Choisissez des espèces différentes et préférez les produits provenant de sources bien gérées.

图 1 “常见问题”板块

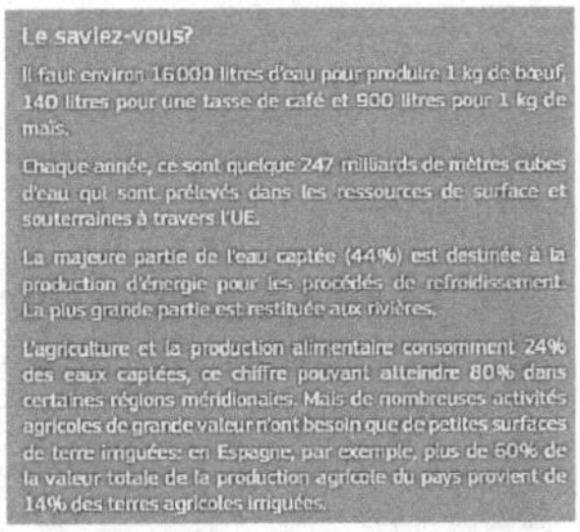

Le saviez-vous?

Il faut environ 16000 litres d'eau pour produire 1 kg de bœuf, 140 litres pour une tasse de café et 900 litres pour 1 kg de maïs.

Chaque année, ce sont quelque 247 milliards de mètres cubes d'eau qui sont prélevés dans les ressources de surface et souterraines à travers l'UE.

La majeure partie de l'eau captée (44%) est destinée à la production d'énergie pour les procédés de refroidissement. La plus grande partie est restituée aux rivières.

L'agriculture et la production alimentaire consomment 24% des eaux captées, ce chiffre pouvant atteindre 80% dans certaines régions méridionales. Mais de nombreuses activités agricoles de grande valeur n'ont besoin que de petites surfaces de terre irriguées: en Espagne, par exemple, plus de 60% de la valeur totale de la production agricole du pays provient de 14% des terres agricoles irriguées.

图 2 “你知道吗”板块

第三条主线，“生物多样性概念的语义—话语分析”，从词汇和话语的双重语义角度，通过对比两种语言，研究生物多样性的概念。意大利贝尔加莫大学的德苏泰（Desoutter）[③]教授依托食品外包装上的“环保标识”这一传播渠道，阐释了法语和意大利语中“生物多样性”概念的含义。该研究强调了生物多样性的各种表述实际上与生产方式和消费选择有关。巴黎第三大学的拉科托诺林娜[④] 教授则建议从双重对比的角度

① Attruia, F., « Les discours de l'Union européenne sur la biodiversité : une analyse des registres communicationnels ».——译者注

② Kohlman, E., « Evolutions de la communication du Parc naturel régional du Pilat à travers le thème de la biodiversité : 2010-2015 ».——译者注

③ Descoutter, C., « La biodiversité sur l'étiquette. Analyse discursive de l'information aux consommateurs ».——译者注

④ Rakotonoelina, F., «Biodiversité/biodiversity : dynamiques discursives des fonctionnements collocationnels dans le discours lexicographique et les discours environnementalistes en français et en anglais».——译者注

来分析“生物多样性”一词的搭配功能。一方面是两种话语类型的比较——词汇学话语（电子词典）和非政府组织（绿色和平组织和世界自然基金会）话语；另一方面是两种语言的比较，比如同类型话语的法语和英语。在这样的双重对比下，我们能更好地理解各种类型的话语在特定语言下相互影响的方式，以及与“生物多样性”相关的语义特征是如何被组织起来的。

例 2：在图 3 所示的大米包装上，除了文字叙述（正宗的卡纳罗利大米只在圣马西保护区生长，享受无污染的自然环境和丰富的生物多样性……），设计者还加入了图片：一头母鹿，背后是青翠的自然环境。图片和文字都不包含任何人类行为，大米就像野生植物一样，在纯净之地自由生长。如果说图 4 的叙述（我吃的是秘鲁巧克力，我保护的是生物多样性）强调产品的消费者参与了生物多样性的保护，那么图 3 则展示了生物多样性对产品的益处。

图 3　意大利大米包装

图 4　秘鲁巧克力包装

3. 生物多样性主题话语未来的研究方向是怎样的？

生态和生物多样性是世界日益关注的话题。围绕这一全球性话题，在人文和社会科学的研究之外，期刊后记收录的文章提出了新的研究方向。博洛尼亚大学的隆迪（Londei）教授[①]长期从事复杂性哲学的研究，她认为非人类世界中也存在互动交流，这就意味着其他语言形式的存在。她以福柯所描述的“知识型”规则（épistème）为分析工具，标记词语和事物之间的距离，揭示事物间的邻近性、相似性和类比性。隆迪的研究从物种间的对话切入，对“生物多样性”提出质疑，她将“生物多样性”看作宇宙中的一个整体，而不再局限于人类的（话语）视角，让我们得以窥见哲学意义上的宇宙维度。期刊主编高度评价了这篇文章，甚至邀请读者从后记部分开始阅读，体会真正的思考。

4. 生物多样性主题话语分析研究的特点有哪些？

综上所述，法国 Cediscor 研究中心围绕生物多样性开展的话语研究也呈现出多样性的特点，主要体现在以下几个方面：

一、语料体裁和领域。话语体裁包括科学话语、普及型话语、机构话语、词汇学话语和针对消费者的话语。话语领域涵盖媒体话语、社交网络上的公民话语和协会话语。

二、研究内容。研究焦点集中在对生物多样性概念的理解上，同时也关注生物多样性与气候变化或消费者信息等相关领域的关系。

三、研究方法。运用语义—话语方法、传播学方法、短语学方法和比较法观察话语中的生物多样性。

四、研究视角。除语言学、传播学和翻译学等人文学科，研究团队还广泛吸纳了环境地球科学等领域的专家。在多学科、学科交叉和跨学科的基础上，探索真正意义上的学科融合。通过对 Cediscor 研究中心最新成果的介绍，我们希望能帮助国内的研究人员了解法国话语分析的跨学科前沿动态，丰富话语分析的内涵，拓宽研究思路。

① Londei, D., « “L’intelligence de la nature” : une nouvelle Babel ou enfin un vrai dialogue entre les espèces vivantes ? ».——译者注

第二十一篇

法国社会语言学史：关键节点及其演变[①]

作者：约瑟妮娜·布特（巴黎第四大学、巴黎第七大学）
译者：王兰（北京语言大学）

作者简介

约瑟妮娜·布特（Josiane Boutet），女，生于1947年，曾任巴黎第四大学（索邦大学）和巴黎第七大学（狄德罗大学）语言学教授。20世纪70年代，与法国语言学家让－巴蒂斯特·马赛雷希（Jean-Baptiste Marcellesi）、贝尔纳·加尔丁（Bernard Gardin）和路易－让·卡尔维（Louis-Jean Calvet）等共同创建新的语言学分支——社会语言学，是法国社会语言学的创始人之一。1976年，布特参与创办杂志《语言与社会》，对法国社会语言学和话语分析研究的传播发挥了重要作用。

布特主要研究工作环境中的语言，是跨学科"语言与工作"研究的发起人和实践者。她创立的"语言实践"（pratiques langagières）与"工作语言部分"（part langagière du travail）理论不仅仅应用于社会语言学，也在人文社科其他领域被广泛引用。布特的代表著作有《文字的力量》（*Pouvoir des mots*）、《语言与社会》（*Langage et société*）、《工作语言》（*Paroles au travail*）等。

① 文章翻译已得到作者和书籍负责人授权。约瑟妮娜·布特，《法国社会语言学史：关键节点及其演变》，2010年发表于加斯盖－赛勒斯（Gasquet-cyrus）、贾科米（Giacomi）、图沙尔（Tachard）和维罗尼卡（Véronique）主编的《（社会）语言学：纪念路易－让·卡尔维》（巴黎：阿尔玛丹出版社，第59-75页）。

译者简介

王兰，北京语言大学法语系教师，格勒诺布尔－阿尔卑斯大学语言科学博士，研究领域为社会语言学与多语言教学。

译　文[①]

1. 引言

当下的学科理论在探讨自身缘起时，有简化的倾向，即尝试找出唯一一个起源和一个精准日期，然后作为明确结论，再通过书本和学校不断重复传播，这就如同在神话和宗教里，把复杂的社会起源简化成某个独一无二的事物，其中不乏太阳、河流和蛇。因此爱因斯坦就代表了现代物理学，索绪尔代表了语言学，涂尔干代表了社会学，弗洛伊德代表了精神分析学，等等。那么，有谁能代表法国的社会语言学呢？

谈到法国社会语言学的起源，人们常提到的日期和出版物都和20世纪70年代有关。根据各自所属的学派，鲁昂学派和共产党人（详情见下文）常提及1974年的马赛雷希和加尔丁（详情见下文）；巴黎－索邦–马丁内学派和非共产主义左派常引用卡尔维于1974年出版的《语言学和殖民主义》（详情见下文）；1976年年轻学者们创办的《语言与社会》杂志；1979年云集法国社会语言学各学派学者的鲁昂研讨会。以上信息虽然都属实，但这种简单的追本溯源的方式经不起学科史专家、哲学家或认识论学者更系统化的深入研究，他们是把学科理论及其发现放在一个长期的历史阶段中进行考量的[②]。因为社会语言学这门学科还很年轻，至今仍然没有进行过像解密“语言学起源”那样有组织且规模较大的集体研究，所以，继其他几位社会语言学家之后[③]，我想在

① 特别感谢法国格勒诺布尔－阿尔卑斯大学 Diana Lee Simon 教授、Stéphanie Galligani 副教授，艾克斯－马赛大学 Roxanne Comotti 研究员，北京语言大学 Matthieu Bertrand 老师以及法语系郭玉媛老师对本文翻译的帮助和校对。

② 例如语言学中，法语历史研究小组（Gehlf : groupe d’étude en histoire de la langue française），特别是科研混合单位（UMR：Unité Mixte de Recherche）——语言学理论史实验室的科研成果。

③ 详见安德蕾·塔布瑞·凯勒、卡尔维、布特、曼戈诺等人的作品。

这篇文章中定位几个对法国社会语言学的诞生产生重大影响的关键节点及与之相关的几位学者，同时梳理出法国社会语言学发展的历史脉络。对法国来讲，社会语言学与方言学有着不解的渊源，与马塞尔·科恩（Marcel Cohen）和安德烈·马丁内这两位语言学家紧密相关[①]。

开始探索法国社会语言学历史之前，我认为有必要，哪怕是快速地给大家讲一讲我对这个研究领域定义的理解。当然了，这里的目的不是重启大家对这门学科存在与否的争论，因为许多学者认为社会语言学只是一种做语言学的（好）方法。我认为社会语言学或者基于社会语言学的语言学主要有以下几个特点：

（1）社会语言学是一种在特定社会环境中研究语言事实和运用语言的能力的方法，可以叫作 des pratiques langagières（语言实践），也可以叫作 des pratiques discursives（话语实践）或者 des interactions verbales（言语交际），术语表达不重要。社会语言学与社会环境相关，其相关性就构成了社会语言学，我常强调，社会语言学首先是一门田野语言学。

（2）社会语言学研究方法很大程度上属于社会学和民族志方法，有时也会做些修改或调整。

（3）社会语言学是一个描写经验的语言学研究领域，与语言哲学和某些语用学研究不同，与社会学和民族志更相似。

（4）社会语言学是一个与语言多样性、人类社会语言应用多样性、语言环境多样性和复杂性紧密相关的语言概念。如马塞尔·科恩所言，“绝对单语是不存在的”，不管是语言、语言水平，还是不同社会群体的语言使用，“永远都是多语的”。

（5）社会语言学不以详尽细腻的语言描写作为唯一目的，它被定性成“社会的”，不仅仅是因为它在社会背景下研究语言能力和语言表现，还因为它追求社会变化与社会转型。它是一门关心社会期望和需求的学科。

2. 社会语言学的发端：从“发现者”到方言学

2.1 “发现者”的传统

早在 16 世纪，拉米斯（Ramus）和艾蒂安（Étienne）等作者在阅

① 在盎格鲁－撒克逊世界，也就是英国和美国，社会语言学的诞生离不开英国语言学家弗斯和民族志传播学的发展。

读和与人交流时留意到法语在词汇和发音上存在着一些“地方特性”。17 世纪时，梅纳吉（Ménage）、鲍赫斯（Bouhours）和沃日拉也注意到了这个现象并指出，这些法语在说和写上存在的差异性应该和社会与地理有渊源。这些法国文人对法语使用的“地方特性”的发现旨在揭示当时法语应用不规范的事实，他们倡导法语的规范性，直言不讳地表达对法语不规范使用的批判，并认为这些表达是“有缺陷”的。这些作者在语言规范性上的一致意见不是对语言使用多样性的描写，而是对法语规范性使用的干预。

此时所提的语言规范性可能不是后来的方言学、语言学和社会语言学最终关心的问题。但是这些作家对语言多样性的关注和对语言事实的收集应该引起我们的注意，撇开他们对语言规范和语言评价的雄心和目标不谈，他们对语言说和写在社会中真实应用的细致观察是构成社会语言学的历史环节之一。

2.2　19 世纪地方语言研究兴起，方言学诞生

19 世纪，经过一些较开明学者的努力，语言的地方特性不再被认为是“有缺陷”的表达，有关法语方言和俚语等语言地方特性的描写和研究方兴未艾，逐渐变得专业化。这一时期，学者们对社会群体语言、区域语言多样性和地理多样性产生了浓厚的兴趣。

同时，许多作家和词典[①]起到了向大众宣传底层人民和街头混混俚语存在的作用，比如欧仁－弗朗索瓦·维多克（Eugène-François Vidocq）1828—1829 年的《维多克回忆录》和 1844 年的《真实的巴黎秘密》，欧仁·苏（Eugène Sue）1842 年发行的报纸连载小说《巴黎的秘密》。这些都激起了人们对这些违背既定秩序和语言规范、多少有些神秘性的奇怪说话方式的好奇心。

整个 19 世纪，学者们和业余爱好者对法语地区方言、法语社会方言、法语俚语和法语流行语的研究兴趣浓厚，文学作品中常出现它们的影子。说到这一时期的几个重要阶段，不得不提法国小说家也是后来的法兰西学院院士夏尔·诺迪埃（Charles Nodier），1835 年 4 月他发表文

---

① 其中有 1808 年德特尔（d'Hautel）《低级语词典》、1838 年维多克（Vidocq）《俚语词典》和 1883 年阿尔弗雷德·德尔沃（Alfred Delvau）《俚语词典》。

章《方言在法国是如何被消灭的》来大力捍卫法语方言。法语史学家查尔斯·尼萨尔（Charles Nisard）查阅1644年至19世纪中后期的相关文献，1872年出版《巴黎及其郊区土语或流行语研究》并在书中描写了“纯正巴黎土话”的特点。在他看来，巴黎土语已经彻底被底层社会俚语所取代，从生物学角度来看，巴黎法语被改变的原因与巴黎人发声器官时而笨重时而灵活、时而干脆时而拖沓、时而细腻时而粗糙有关。此外，儒勒·纪利荣（Jules Gilléron）1880年开始专注法国维奥纳镇方言的描写。众多业余爱好者对法语的地方应用也兴趣盎然。

1892年10月18日，为了摆脱方言研究的业余性，加斯东·帕里（Gaston Paris）在给公共教育部长的报告中要求在巴黎高等实践研究学院第四教学单位设立“罗马高卢方言学”，随后儒勒·纪利荣承担起该门课程的教学工作。其实当时纪利荣已经是巴黎高等实践研究学院的教师，他1883年就职于该学院，1916年，也就是“罗马高卢方言学”创办24年之际，成为方言学教席主任。从此，方言学在法国迅速崛起，相关科研成果接连不断，学科大获成功。比如后来由法国国家科学研究中心接管的《语言地图集》就是方言学研究的成果之一。

3. 复杂的关键人物：马塞尔·科恩（Marcel Cohen）

马塞尔·科恩是安托万·梅耶的学生，是一位专门研究亚非语系的比较语言学家。他对语言变化颇有兴趣，并认为城市是产生语言变化的熔炉，所以他醉心于城市多语言现象研究①，比如阿尔及尔和阿比西尼亚，但对农村和古代用语没有半点儿兴趣。他极少引用方言学相关研究，似乎没有受到方言学研究较大的影响。

3.1 社会学语言学的提出

马塞尔·科恩②和安托万·梅耶都赞同并深信涂尔干③关于语言完

---

① 详见他1912年撰写的关于阿尔及尔的书籍。

② 马塞尔·科恩的最新研究详见《语言与社会》杂志2009年6月第128期。

③ 1893年，梅耶为社会学杂志《社会学国际杂志》撰稿，这也是法国社会学家塔尔德经常写稿的杂志。梅耶的社会学思想被人熟知得益于他1904年发表在《社会学年报》名为《词语如何改变含义》的文章。该杂志由涂尔干1898年创办，梅耶1903年创建“语言学”专栏。

全是一种社会事实的观点，因此语言作为社会事实也应当具备“独立于个人之外的外在性”和“强制性”的特点：

“语言首先是人类社会存在不可或缺且不断使用的工具……因此毫无疑问，语言是一种社会事实。之所以说语言完全符合涂尔干提出的社会事实的定义：一是因为它独立于使用者存在，虽然脱离使用者不现实，但语言在每个使用者之外；二是因为语言改变不依赖任何使用者，但任何个人的偏离使用都会起到改变语言的作用……因此，涂尔干社会事实定义中的独立于个人之外的外在性和强制性在语言中表现得淋漓尽致。（梅耶，1904）”

抑或说，语言变化的原因应是“社会性的”，因为：

“……如果语言演变的环境是社会环境，如果语言只靠这些社会关系来维持和保存，最后如果语言界限与社会群体的界限趋于吻合，那么显而易见，决定语言事实的原因就是社会性的。更显而易见的是只有对社会事实的考虑才能在语言学上用程序决定因素替代原始事实的分析，也就是说用动态研究替代事物研究，用特定发展相对简单的事实分析替代对复杂现象关系的纯粹观察研究。”（梅耶，1904）

马塞尔·科恩在他所有的研究中不断强调说“语言只存在于社会中，而社会只存在于人与人的交流中”，语言学只能是社会的或者社会学的。所以在他眼中，“语言学是社会学的一个分支”[①]：“按照语言学是社会学分支和社会科学研究的说法，它给社会学这门学科的其他分支提供了研究社会事实的具体例子。语言学应该追求自己的目标……”。

---

① 这里说一下此类研究命名上存在的问题。我们发现“社会语言学”（sociolinguistique）这一称谓从来都没有在马塞尔·科恩的研究中使用过。如上文所示，他最常用的学术名称是社会学语言学（linguistique sociologique），很少使用 1956 年和 1971 年文章标题中出现的“语言学社会学”（sociologie linguistique）和“语言社会学”（sociologie du langage）。我们也发现英国语言学家约翰·鲁伯特·弗斯（1890—1960）也使用社会学语言学（sociological linguistics）这一称谓，详见弗斯 1935 年出版和 1957 年再版的文章，1966 年发表于戴尔·海姆斯（Dell Hymes）主编的《文化和社会中的语言》一书中。20 年后，1974 年马赛雷希和加尔丁在标题中使用社会—语言学（socio-linguistique），但副标题为社会语言学（linguistique sociale），文中也多次出现社会方言学（dialectologie sociale）（美国语言学家威廉·布莱特 1960 年也用过社会方言学这一称谓）。还有，1975 年路易－让·卡尔维将社会语言学（linguistique sociale）用作自己专著《迈向社会语言学》的副标题。

对马塞尔·科恩来说，说两种语言、两种方言或者同一方言的两种子方言没有本质上的区别，仅有范围上的区别。在这种意义上，绝对的单语主义是不存在的，所有语言情况只能是“双语”的。语言学家尤里埃尔·瓦恩里希（Uriel Weinreich）1953年和1963年也提出同样的观点，他认为两种语言系统的交互甚至“干扰”机制是相同的，无论这两种是“语言、同一语言的方言还是同一方言的子方言”。

3.2 马塞尔·科恩错过的两次历史机遇

3.2.1 1936年：安托万·梅耶的继承人

1936年安托万·梅耶去世时，可能接替他的法兰西公学教席的语言学家有两位，一位是代表社会学语言学、研究亚非语系的阿拉伯语专家马塞尔·科恩，另一位是代表历史语言学、研究印欧语系的埃米尔·本维尼斯特，后者当选。这里，我提出第一个和事实相反的假设：如果1937年当选为法兰西公学院主讲的是马塞尔·科恩，法国的语言学尤其是社会语言学会变成什么样子呢？我们能想象到法国社会语言学本可以从那个时代逐步发展吗？

3.2.2 1956年：《关于语言社会学》的出版

马塞尔·科恩二战前开始为这本书收集“素材”，但随后他投入到了别的写作研究中。在他的同事社会学家乔治·古尔维奇（Georges Gurvitch）的要求下，他决定整理他的书稿并在阿尔宾·米歇尔出版社出版。《关于语言社会学》1956年第二季度问世，当时的政治背景使得这部作品一出版就因被贴上了“正统共产主义”甚至是斯大林共产主义的标签而遭受抨击。

让我们回顾一下这段关键历史时期的几个事件。1953年斯大林去世；1956年2月苏共二十大，也就是“去斯大林化”会议召开，2月14日赫鲁晓夫做报告；1956年第二季度《关于语言社会学》发表；1956年10月匈牙利事件发生；1956年12月左翼非共产主义、批判性马克思主义杂志《论据》[1] 首期面世，正是在这一期中，语言学家

[1] 该杂志由莫兰（Morin）、杜维诺（Duvignaud）、科斯塔斯·阿克塞洛斯（Kostas Axelos）在苏共二十大即去斯大林化会议的背景下创办，旨在重构左派和宣传非斯大林主义的马克思主义，比如安东尼奥·葛兰西（A. Gramsci）、罗莎·卢森堡（R. Luxembourg）、威廉·赖希（W. Reich）等。

阿尔吉尔达斯·朱利安·格雷马斯（Algirdas Julien Greimas）发表了对马塞尔·科恩作品的严厉批评，这一年格雷马斯39岁，是二战前移居法国的立陶宛人，他当时获得奖学金，在格勒诺布尔市跟随高查（GauChat）学派的教授们研究语文学。作为坚决反苏和反斯大林主义的学者，格雷马斯从结构主义和反斯大林主义出发对《关于语言社会学》进行了强烈的抨击。

所以这本书在出版后没有大获成功，没有卖掉的书籍随后也被出版社处理了。直到1971年科恩87岁时（三年后去世），这本书才被马伯乐（Maspéro）出版社再版，更名为科恩一直都期望的非纲领性标题《语言社会学资料集》。那么马塞尔·科恩的这本书真的是斯大林主义吗？答案很简单，并不是斯大林主义，他1956年作品中涉及的仅仅是1951年干预《真理报》时期的斯大林。此外，不同于纪尧姆和本维尼斯特论文中所写，科恩在哲学和本质上都是唯物主义者和反理想主义者。

科恩1956年出版的这本书是不是结构主义呢？很明显，不是结构主义，因为他从过去到现在一直都是比较语言学家。虽然1928年他留意到了布拉格学派的研究，并在1929年对他们第一期的研究写了一篇精彩报告，但他没有预见到美国结构主义浪潮会在20世纪50年代末席卷法国的语言学界，也正是在此期间，1955年安德烈·马丁内从哥伦比亚回到法国，长期在索邦大学从事普通语言学的教学工作，后来成为该领域独一无二的领军人物。

两次错失机缘最终使得科恩的作品无人问津，也就没有激起任何学术上的浪花。这让我不禁提出第二个假设：如果这本书1956年受到好评，那么法国的社会语言学是否可以在那个时候建立起来，而不是在20年后的70年代呢？

4. 安德烈·马丁内结构功能主义对语言社会学观的贡献

1944年安德烈·马丁内没有成功接替房德里耶斯（Vendryès）索邦大学的教席，遂在罗曼·雅各布森的邀请之下前往了纽约哥伦比亚大学，等到1955年马丁内才最终获得索邦大学普通语言学的教席。实际上，马丁内和马塞尔·科恩没有任何学术上的来往，即便是马丁内常引用科恩1924年与梅耶合著的《世界的语言》一书[①]，但是，马丁内在给索邦大学语言学专业学生开的参考书目里却提到了科恩1956年出版的著作，这就是他与科恩所捍卫的社会学语言学论题最紧密的联系了，因为毕竟马丁内的盛名主要归功于《语音变化的经济原则》和《普通语言学纲要》这两本书（这种观点可能忽视了他在社会方言学上做的调查研究）。同样，我们还应该注意到马丁内1965年在其创办不久的《语言学》杂志第二期上发表了约书亚·阿隆·菲什曼（Joshua Aaron Fishman）在交际民族志领域的一篇开创性论文《谁在何时用何种语言向谁说话？》。马丁内其实对在社会背景中研究语言展现出了一定的兴趣，让我们一起看几篇他的文章。

1941年，安德烈·马丁内在德国魏恩斯贝格被囚军官营时对他的狱友们进行了一次音位学调查。在极其恶劣的监狱环境下，他只能考虑到年龄和原籍两个参数。这次调查采用问卷形式，每份问卷45个问题，总共409名军官回答了问卷，其中100名为南方人，250名为非南方人，59名因搬家“没有办法进行地理归类”。此次调查及研究结果于1945年出版，书名为《当代法语的发音》。这本书不仅让马丁内建立起了两次世界大战期间法语的平均元音和辅音体系，也使他能够对不同历史时期的法语发音进行历时对比，并勾勒出近代法语动态的主线条[②]。那么，如何定性马丁内的这个调查呢？算方言学调查法吗？马丁内的确是受到了传统方言学方法启发的，他采用了问卷调查法，强调发音水平，注重地理因素。但同时，战俘营的社会状况使得这次调研的受访对象与方言学通常的受访对象在社会学上存在很大的不同，这次受访者不是老人，不是农民，而是军官，是“规范法语的代表者”。然而，在这群社会地位和文化修养相同的人中，马丁内却给我们展示了他们在语音使用各个方面的变异性。因此，魏恩斯贝格调查也可以定性为社会语言学调查，

---

① 还要提一下马丁内也引用过科恩发表于1946年的一篇概述1700年法语音位学的文章，他引用这篇文章有赞扬的地方，也有批判的地方。比如，马丁内1947年的文章《1700年前后法语音位学》和1969年的专著《无修饰的法语》(第155页)都引用过科恩的这篇文章。

② 特别阅读马丁内1959年的讲座文章《当代法语语音系统的演变》，该文章1969年在《无修饰法语》中再版(第168-190页)。

至少它可以被认为是法国社会语言学史上的关键一环。

马丁内另外一个介于方言学和社会语言学过渡期间的著作是 1956 年出版的《欧特维尔土话》。这是他在萨瓦省他母亲所在村庄做的调研，跟魏恩斯贝格调查不同，这是研究乡村土话的专著。后来，许多研究人员都使用或参考马丁内这本书来构建他们自己的方言学或社会语言学调查，尤其是安娜 – 玛丽 · 吴德宾（Anne-Marie Houdebine）在普瓦图和安娜 · 勒菲弗尔（Anne Lefebvre）在里尔发表的首篇论文。

此外，在他的学生尤里埃尔 · 瓦恩里希（Uriel Weinreich）1953 年和 1963 年出版的学术著作《语言接触》中，马丁内还撰写过一篇具有社会语言学导向性的序言。序言里，他强调在社会背景外研究语言的时代已经过去，今后的语言科学发展应该是能够处理更加复杂的事实，特别是“语言接触”现象，因为语言接触问题（概念上可能有变化）会成为并且仍然是社会语言学的核心问题。我们最后还应该提一下马丁内所有关于“真实”，也就是“无修饰”法语描写的文章，这些文章后来都收录在了 1969 年出版的《无修饰法语》一书中。

正是安德烈 · 马丁内这些不太为人所知或较少被引用的著作使他成为法国社会语言学思想诞生的关键人物。此外，他在索邦大学教学期间，也培养了整整一代年轻的未来种子语言学家，其中一部分就成为了后来的社会语言学家[①]：丹尼斯 · 弗朗索瓦（Denise François）、皮埃尔 · 恩克维（Pierre Encrevé）、安娜 – 玛丽 · 吴德宾、安娜 · 勒菲弗尔、约瑟妮娜 · 布特、卡罗琳 · 鲁亚尔（Caroline Luillard）及路易 – 让 · 卡尔维。这些语言学家让我们想到了社会语言学在 20 世纪 70 年代的那段历史。

5. 20 世纪 70 年代法国批评和介入社会语言学的出现

20 世纪 70 年代的政治气氛首先以后殖民主义为标志，比如阿尔及利亚战争和反殖民积极分子的崛起、反越南战争委员会的创立以及亚非

① 我清楚这篇研究法国社会语言学当代史的论文是有遗漏的，比如词汇学对社会语言学诞生的影响和作用，像语言学家路易 · 吉尔伯（Louis Guilbert）1965 年的研究；再比如少数有关双语研究的作用，像安德蕾 · 塔布瑞 – 凯勒（Andrée Tabouret-Keller）1968 年在法国发表的开创性论文等。

拉三洲会议的召开等。其次，1968 年“五月风暴”后的政治和文化大环境使得这一代人想成为创历史和划时代的一代人。

大学环境也发生了天翻地覆的变化：大学生人数激增，1968 年 10 月福尔改革[①]，大学民主化后，数量也在几年内如雨后春笋般增加，尤其在巴黎，原来的索邦大学、理学院、医学院和法学院被改造成八所大学，其中好几所为多学科大学。因此，包括语言学在内的人文科学教育也得以发展，要知道 1968 年之前，只有巴黎索邦大学安德烈·马丁内和南泰尔学院让·杜波瓦（Jean Dubois）开设语言学课程。

为了更好地理解仍在发展中的法国社会语言学历史，我们还需要清楚这门学科创始人的社会履历。我们知道他们中很多人不是布迪厄（Bourdieu）和帕塞隆（Paseron）1967 年所说的“继承者”，不是那些来自资产阶级的大学生们。他们中有些是小农民和工人的子女，有的出身于少数语言群体，有的是跨文化群体，有的是高校女性，也有的是政治和工会的积极分子[②]。

如同这一时期的话语分析，法国社会语言学明显是一种左派共产主义或非共产主义批评性思想。面对语言学中具有反抗、批评和创新精神的思想，与 1956 年不同，这一时期所有的因素都在促成这些思想的诞生和传播，这就是后来产生的话语分析和社会语言学[③]。在这一时期，占据主导地位的有两种政治形态：一种是隶属于共产党的共产主义社会语言学，另一种是不隶属于共产党的马克思主义左翼社会语言学。

5.1 鲁昂学派和共产党共产主义社会语言学

1974 年，南泰尔学院教师让·杜波瓦[④]在其主编的拉鲁斯语言学

---

① 指 1968 年法国颁布的《高等教育方向指导法》(又称《福尔法案》) 对高校行政所做的改革。该法案鼓励大学发展多学科，并通过取消学院，设立教学研究单位和学校理事会，给予高校更多的自主权。——译者注

② 比如我和卡尔维都曾是法国学联的干部。

③ 这里的历史介绍是有缺陷的：应当必须指出并加入加布里埃尔·马内西（Gabriel Manessy）及其团队这一时期在尼斯对多语、克里奥尔语和皮钦语的研究成果（当代国际关系和外交研究所）；详见瓦尔德（Wald）和马内西的著作。

④ 关于演变，我们会在文章《论法语口语中动词形式的经济性》中发现马丁内对杜波瓦的敌意，文章收录在其著作《无修饰法语》(第 91 页)。

系列丛书中出版了让－巴蒂斯特·马赛雷希和贝尔纳·加尔丁的合著《社会语言学入门》。这部著作不是论文集，更像是一本探索社会语言学未来不同趋势的大学教材，里面云集了美国语言学家威廉·拉波夫（William Labov）、苏联政治家约瑟夫·斯大林（Joseph Stalin）、法国语言学家马塞尔·科恩、苏联语言学家沃洛希诺夫（Voloshinov）、英国社会学家巴塞尔·伯恩斯坦（Basil Bernstein）的思想。这本著作后来也成为法国社会语言学学科建设中构建性的教材，多次被重印并列入大学参考书目，它在社会语言学学科认定、出现和认可方面无疑发挥了重要作用。

让－巴蒂斯特·马赛雷希和贝尔纳·加尔丁就是后来我们所说的鲁昂学派创始人，该学派的主要特点之一就是将话语方法和社会语言学方法结合在一起。也正是在这一学派的支持下，“社会语言学理论与实践”大型研讨会 1979 年在鲁昂举行，当时绝大多数的法国社会语言学家都悉数到场。

5.2　非共产主义的马克思主义左派社会语言学

同年，也就是 1974 年，路易－让·卡尔维出版反语言殖民主义的政治语言学专著《语言学与殖民主义：语言侵略条约》。虽然马赛雷希和加尔丁都是积极的共产党员，但他们的著作更像是一本教材而不是一本对自身观点辩护的著作。与他们不同，卡尔维这本书语调辛辣尖锐，他还在书中提出了“语言侵略过程”和“语言上层建筑”两个重要的理论概念。随后卡尔维对这两个概念进一步发展，后来它们成为了科学争论中具有决定性意义的两个概念。

卡尔维这本书出版后取得了巨大的成功，它被翻译成多种语言并不断再版。毫无疑问，这标志着介入（社会）语言学的诞生，一门参与社会辩论与利害问题讨论，同时又提供强有力概念和表现左派政治知识分子雄心的学科。一年后，卡尔维又出版了第二部在批评社会语言学思想上发挥重要作用的专著《支持和反对索绪尔》，副标题为《走向社会语言学》。

也正是作为对正统马克思主义的评判，皮埃尔·菲亚拉（Pierre Fiala）、珍妮·西蒙尼（Jenny Simonin）和我 1976 年以评判马克思主义的名义在《评论》杂志上发表了对马赛雷希和加尔丁合著的评论。与马赛雷希和加尔丁“反映”的观念相反，我们继续“上层建筑”的讨论并提出：语言不反映社会，而是一种社会实践，是社会的一部分，对社会产生作用和影响。基于马克思主义政治社会学家尼古拉·普兰察斯（Nicolas Poulantzas）的“社会形成”理论，我们提出了“语言形成”的概念：“语言形成是由根据力量关系组织的语言实践组成的。”我们也提出了一个新名词“语言实践”，旨在强调语言的社会实践[①]层面，也就是语言应用。同一年，皮埃尔·菲亚拉和我在皮埃尔·阿夏尔（Pierre Achard）的倡议下，一起创建了《语言与社会》这本杂志。

6. 结论：社会语言学 30 年后的今天现状如何？有哪些挑战？

很明显，当今的意识形态争论已经与 20 世纪 70 年代完全不同。虽然全球化及其对经济和社会的影响为马克思主义作为社会批判的重新阐释提供了非常丰富的可能性，但人们却几乎不再投身于马克思主义争辩和论战的行为中。

我觉得，应该批评性地总结出社会学与语言学在社会语言学研究中的相互关系。在 20 世纪 70 年代，二者的关系至少存在两种理解：一个是“强”的理论研究，一个是“弱”的或经验性的研究。“强”的理论研究是支持并发展社会学研究中的子学科“语言社会学”，如同社会学里的体育社会学、城市社会学或劳动社会学。1993 年皮埃尔·阿夏尔主要负责这类研究。但在我看来，如果抛开其中几个相对独立的研究轨道，如社会学家贝尔纳·波什（Bernard Poche）、加布里埃尔·瓦罗（Gabrielle Varro）或弗朗索瓦·莱姆多费尔（François Leimdorfer），“强”的理论研究今天的发展并没有达到预期效果。这种状况不能归咎于研究者，而是法国社会学学科本身与语言问题缺乏联系的问题。阿克塞尔·索默费特（Axel Sommerfelt）（《语言与社会》，1938）已经注意到社会学家对语言缺乏兴趣：社会学家和民族学家通常不关心语言学研究，尽

① 我们不知不觉预见到了十年后人文社会科学中发生的非常普遍的转向，即实践。1974 年两本书引发的关于语言概念的辩论中，我们支持非正统的马克思主义，反对阿尔都塞式的马克思主义。

管语言在他们研究的社会中发挥着一定作用。这种状况一直以来几乎没变过。

在我个人一直捍卫的“弱”的经验性研究里，社会语言学家的工作旨在建立各学科间人才对话的可能性，实现社会学家（或其他学科专家）与语言学家围绕共同研究对象达成持久且系统的合作，比如对城市、劳动、学校、培训等对象的研究。简而言之，就是建立多学科性。“弱”的经验性研究之所以得以巩固和发展，是因为社会语言学以及更广泛的人文社会学科的研究方式已经发生了深刻的变化。我们已经从过去围绕强烈政治和理论问题以及理论和知识介入的研究，比如卡尔维1974年被多次再版和翻译的著作、米歇尔·佩修（Michel Pécheux）1970年有关话语分析的著作，过渡到了围绕研究对象、非严格学科性、需要多学科联合工作的研究中，比如城镇、工作、国际新移民、暴力等①。

结果是，社会语言学在比传统语言规划更广泛的领域中发展出了社会专业性和技术化的研究方法。30年间，与社会问题、经济问题和社会语言学问题接壤的社会语言学研究空间已经建立起来：比如对工作世界的研究②，对城市社会语言学的研究③，最近围绕语言暴力进行的多学科研究④。

虽然社会语言学家在语言政策和规划研究上的社会与政治专业性已经具有悠久历史，也得到了广泛认可，但是如今却面临着深刻的变革。全球化彻底改变了过去我们形成的语言间、国家间、文化间和身份间⑤关系的概念。多语实践、语言“流动”、国际新移民、双语新形式、双语实践在服务产业的市场化都对当代世界构成了新的经济和社会挑战，也对社会语言学家和社会语言学构成了新的学术挑战。

30年后的今天，我们已经不再处在领域亟待建设、研究方法单一、概念术语亟待发展的阶段。当下我们要做的是盘点法国社会语言学家的

---

① 这也适用于部分话语分析师的研究，我在这里不加以讨论。

② 《语言与工作》，鲍泽克斯（Borzeix）和弗莱恩克尔（Fraenkel），2001年。

③ 《社会语言学手册》，蒂埃里·布鲁（Thierry Bulot），2004年。

④ 2008年由克劳迪娜·莫伊丝（Claudine Moïse）主导。

⑤ 像加拿大法语区的新经济格局[详见安妮特·布德罗（Annette Boudreau）或莫妮卡·海勒（Monica Heller）的作品]。

研究成果，以及更广泛的国际上其他国家社会语言学家的研究成果。如哪些是社会语言学在场景语言、语言使用和多语情景中产生的基本知识？社会语言学究竟在哪些方面丰富了语言知识和语言能力？社会语言学的哪些贡献是其他学科的理论和方法做不到的？我们自己学到了哪些社会语言学知识？也就是说，哪些理论和方法论知识是成熟的、被认可的和达成共识的？当然，我很清楚，目前的研究状态排除谁占上风、谁占优势的意图，可能还是很难得出一个总结，现在也不是大家达成一致观点的有利时机。不过，这样的社会研究氛围还能勉强进行我们的研究，可能是时候需要明确而积极地指出我们已经掌握的研究方法、积累的专业知识和取得的科研成果了。